FRANCE

BELGIQUE

ALLEMAGNE

• Reims

LUXEMBOURG

'AMPAGNE

LORRAINE

Strasbourg
•

ALSACE

CARTE DE FRANCE

la Seine

JRGOGNE

FRANCHE COMTÉ

Dijon
•

• Besançon

SUISSE

RHÔNE ALPES

le Rhône

• Lyon

• Grenoble

ITALIE

t du Gard)

• Avignon
PROVENCE

Arles •

CÔTE D'AZUR **MONACO**

Aix-en-Provence Nice •

• Cannes

Marseille

MER MÉDITERRANÉE

CORSE

Éric

La vie heureuse d'Éric et Miyako

Cécile Morel

音声サイト URL

http://text.asahipress.com/free/french/eric/index.html

はじめに

学習者の皆さんへ

　この『エリック』エリックと京の物語：会話編 は会話練習を中心としたフランス語実習教科書です。この本では、京都に研修に来たビジネススクールの学生エリックのことを知りながら、色々なことについて話したり、聞いたり、書いたり、読んだりすることができます。それにより、フランス語の基本的な知識と運用力が身につきます。

この本をお使いくださる先生方へ

　この本は、初級文法教科書『京』エリックと京の物語：文法編（*Miyako*, Cécile Morel+久田原泰子+小林亜美 著）と姉妹編をなし、学習者がエリックと京の話を楽しみながら上達していけるように工夫もしてあります。実習と文法、週一回ずつの授業を通年行うことによって、初級フランス語会話習得とその後の読解授業に必要な文法力を養うことができるように作成されました。しかし、この本の中に初級日常会話に必要な基礎文法の紹介も含まれていますので、基本的なフランス語会話についてなら、この本一冊だけでも勉強をすすめることができます。

　この本は 15 課からなります。5 課ごとに「まとめ」があり、そこにはそれまでに勉強したことがまとめてあります。また、学習者に聞いてもらったり、書いてもらったり、読んでもらったりした上で、最終的に暗記して発表してもらう目的の練習も作られています。

　そして、この本の終わりには、学習者が予習復習に利用できるような単語リストを載せています。

　加えて、反転授業ができるように、各課と関係するビデオを作り、Youtube に載せる予定をしています。

　なお、以上の 2 冊は、京都女子大学の全学共通科目としての言語コミュニケーション科目の充実を図る「イーリスプラン」の一環として作られました。

　最後になりましたが、本書が多くの皆様のお役にたてれば幸いです。またご利用下さる皆様から本書について、ご意見をおよせいただければ、それにまさる光栄はございません。

2016 年 10 月

「改訂にあたって」

　今回の改訂では、旧版のコンセプトはそのままに、フランス語でのコミュニケーションをより楽しめるように工夫しました。残念ながら、旧版で登場した lupin 君とはさよならしましたが、習ったことがしっかり身についたか、楽しみながら確認できるゲームをたくさん増やしました。色々なアクティヴィティを通して、みなさんのフランス語の上達ぶりを感じながら、学習を進めてくだされば、嬉しいです。

　旧版同様、改訂版『エリック』を引き続きご活用頂ければ幸いです。

2020 年 10 月

著者

目　次

Leçon 0 : Alphabet 2
アルファベ　　アクサンと綴り字記号　　子音

Leçon 1 : Se présenter　自己紹介をする 4
音と綴りを覚えましょう：単母音字（1）　　名前を聞く・職業・身分

Leçon 2 : Se saluer　挨拶をする 8
音と綴りを覚えましょう：単母音字（2）　　挨拶をする
数字 0〜20

Leçon 3 : Dire sa nationalité　国籍を言う 12
音と綴りを覚えましょう：複母音字（1）
国籍　　動詞を覚えましょう être　　強勢形人称代名詞
数字 20〜69

Leçon 4 : Dire son âge et son lieu d'habitation
　　　　　　　年齢と住むところを言う 16
音と綴りを覚えましょう：複母音字（2）
動詞を覚えましょう avoir, habiter（à）　　年齢を聞く　　住まいを聞く
数字 70〜100

Leçon 5 : Parler de ses goûts　好みについて話す 20
音と綴りを覚えましょう：鼻母音（1）
定冠詞を覚えましょう　　動詞を覚えましょう aimer
不定冠詞を覚えましょう　　数字 100〜1000

まとめ1 24
自己紹介しましょう
Propositions de jeux

Leçon 6 : Dire l'heure　時間を言う 26
音と綴りを覚えましょう：鼻母音（2）
定冠詞の縮約を覚えましょう　　動詞を覚えましょう aller（à）
場所を表す中性代名詞 y　　時間を覚えましょう

Leçon 7 : Parler de sa famille　家族について話す 30
音と綴りを覚えましょう：半母音（1）
所有形容詞　　動詞を覚えましょう faire

Leçon 8 : Parler de ses projets　予定について話す 34
音と綴りを覚えましょう：半母音（2）　　指示形容詞
近接未来を覚えましょう：aller + 不定詞（aller, voir...）

Leçon 9 : Les vêtements　衣服について話す 38
　音と綴りを覚えましょう：半母音（3）
　形容詞を覚えましょう　　色を覚えましょう
　形容詞の比較級・最上級　　衣服の名前を覚えましょう

Leçon 10 : Parler de ses amis　友達について話す 42
　音と綴りを覚えましょう：例外
　形容詞を覚えましょう　　直接目的語人称代名詞：le, la, les

まとめ2 46
　家族を紹介しましょう
　Propositions de jeux

Leçon 11 : Une rencontre　出会い 48
　音と綴りを覚えましょう：その他
　曜日・月・季節を覚えましょう　　代名動詞を覚えましょう：se promener

Leçon 12 : Éric raconte son dimanche　エリックは日曜日について語る 52
　音と綴りを覚えましょう：子音字（1）　　間接目的語人称代名詞：lui, leur
　直説法複合過去：avoir と使う過去分詞を覚えましょう
　直説法複合過去：être と使う過去分詞を覚えましょう

Leçon 13 : Éric et Miyako se revoient　エリックと京は再会する 56
　音と綴りを覚えましょう：子音字（2）
　気持ちを表す形容詞　　代名動詞の複合過去形の作り方を覚えましょう：se promener

Leçon 14 : Éric parle de son enfance　エリックは少年時代について
　　　　　　　　　　　　　　　　　　　　　　　　　話をする 60
　音と綴りを覚えましょう：子音字（3）　　直説法半過去を覚えましょう：faire, être
　aimer ＋ 不定詞（aller à la plage, se promener...）

Leçon 15 : Éric a fini son stage　エリックは研修を終えた 64
　音と綴りを覚えましょう：子音字（4）、母音字＋s＋母音字
　avoir ＋ 名詞を覚えましょう　　いくつかの表現を覚えましょう
　Comme / parce que を使ってみましょう

まとめ3 68
　過去のことを話そう
　Propositions de jeux

Liste de vocabulaire 70

動詞変化表 83

CD 02 アルファベ

a	b	c	d	e	f	g	h	i	j
k	l	m	n	o	p	q	r	s	t
u	v	w	x	y	z				

CD 02 次のグループを繰り返してみましょう。

1) a h k

2) b c d g p t v w

3) f l m n r s z

4) i j x

5) q u

6) o

CD 03 次の単語を繰り返してみましょう。

A ami	**B** bonjour	**C** comment
D demain	**E** en	**F** fa
G garçon	**H** homme	**I** île
J japonais	**K** koala	**L** lune
M mer	**N** nature	**O** orage
P pâle	**Q** que	**R** rendez-vous
S sol	**T** tard	**U** université
V voile	**W** wagon	**X** xylophone
Y yaourt	**Z** zèbre	

アクサンと綴り字記号

é	e accent aigu	élément, université
è à ù	e, a, u accent grave	élève, voilà, où
ê â û î ô	e, a, u, i, o accent circonflexe	fête, gâteau, flûte
		île, hôtel
ë ï	e, i tréma	Noël, Anaïs
ç	c cédille	garçon, français

子音

フランス語では子音を重ねることがあります。次のリストをみて、読み方を覚えましょう！

p	c	d	f	g	l
2p	2c	2d	2f	2g	2l
appareil photo	accident	addition	affiche	toboggan	allumer

m	n	s	t	r
2m	2n	2s	2t	2r
homme	antenne	tasse	attention	terre

次の単語を書いてみましょう。

1) 友達：

2) こんにちは：

3) どう、どうやって：

4) 生徒：

5) パーティ：

6) ケーキ：

7) 島：

8) フランス人：

9) ホテル：

10) 男の人、人間：

11) 男の子、ウェーター：

12) クリスマス：

13) どうぞ：

14) どこ：

15) 大学：

Exercices 音と綴りを覚えましょう。

単母音字（1）

CD
06

1 a [a][ɑ], à[a], â[ɑ]   **ami, âne, patte**

2 é [e],   è, ê [ɛ]   **clé, mère, fête**

3 i, î, y [i]   **si, île, y**

4 e の読み方（1）単語末尾の e
その単語内に発音される単母音字がほかにある場合は無音 **Madame, table**

CD
06

次の単語を聞いて繰り返しましょう！

1) cela, voilà, pâte

2) aller, chez, tête

3) ceci, ici, cycle

4) bière, brioche, livre

Conversation 1

エリックはビジネススクールの学生です。エリックは半年日本の会社で研修するために京都に来たところです。今日エリックはその会社で働いているアランに会います。

Éric est étudiant dans une école de commerce. Il vient d'arriver à Kyoto pour faire un stage de six mois dans une entreprise. Aujourd'hui, Éric rencontre Alain qui travaille dans cette entreprise.

CD
07

Alain   :   Bonjour Éric. Je m'appelle Alain.

Je suis employé dans cette entreprise. Enchanté.

Éric   :   Bonjour Alain. Je suis étudiant dans une école de commerce.

Enchanté.

Alain   :   Venez avec moi.

≡ 名前を聞く

💬 目上の人の場合

Comment vous vous appelez ?
Vous vous appelez comment ?

💬 友達同士

Comment tu t'appelles ?
Tu t'appelles comment ?

💬 質問に答える

Je m'appelle...

💬 両方の言い方を使って、隣の学生に名前を聞いたり、言ったりしてみましょう。

✏ 穴埋め（名前）

1) Comment (   ) vous appelez ?

2) Comment tu t'(   ) ?

3) Je m'(   ) Éric.

♪ 聞き取り

1) Vous (   ) appelez (   ) ?

2) Tu (   ) appelles (   ) ?

3) Oui, (   ) m'(   ) Éric.

≡ 職業または身分を覚えましょう！　名詞の男性形と女性形と複数形 →『京』p.5 参照

男性形	女性形	複数形	
étudiant	étudiante	étudiants	étudiantes
employé	employée	employés	employées
journaliste	journaliste	journalistes	
médecin	médecin	médecins	

CD 11

職業または身分を聞く

🗨 目上の人の場合

Qu'est-ce que vous faites ?

🗨 友達同士

Qu'est-ce que tu fais ?

🗨 職業または身分を言う

Je suis étudiant. / Je suis étudiante.

Je suis ingénieur. / Je suis ingénieur.

 両方の言い方を使って、隣の学生に職業または身分について聞いたり、言ったりしてみましょう。

✏ 穴埋め（職業）

1) Qu'est-ce que (   ) faites ?

2) Qu'est-ce que (   ) fais ?

3) Je (   ) ingénieur.

🎵 聞き取り

1) Qu'est-ce que (   ) (   ) ?

2) Qu'est-ce que (   ) (   ) ?

3) (   ) (   ) tu fais ?

CD 12

CD 13

単語まとめ

男性形	女性形
acteur(s)	actrice(s)
compositeur(s)	compositrice(s)
instituteur(s)	institutrice(s)
chanteur(s)	chanteuse(s)
chercheur(s)	chercheuse(s)
vendeur(s)	vendeuse(s)
professeur(s)	professeur(s)
homme d'affaires	femme d'affaires

会話

● 例に倣って様々な職業について **Tu** で会話をしましょう。

男性形を使って

a : Qu'est-ce que tu fais ?

b : Je suis <u>acteur</u>. Et toi ?

c : Je suis <u>compositeur</u>.

女性形を使って

a : Qu'est-ce que tu fais ?

b : Je suis <u>actrice</u>. Et toi ?

c : Je suis <u>compositrice</u>.

● 例に倣って様々な職業について **Vous** で会話をしましょう。

男性形を使って

a : Qu'est-ce que vous faites ?

b : Je suis <u>acteur</u>. Et vous ?

c : Je suis <u>compositeur</u>.

女性形を使って

a : Qu'est-ce que vous faites ?

b : Je suis <u>actrice</u>. Et vous ?

c : Je suis <u>compositrice</u>.

📖 書いてみましょう！　もう一回聞いて、抜けているところを埋めてみましょう。

CD
07

Alain　：（　　　　　　　　　　）.

　　　　　Je（　　　　　　　　　　　　）.

　　　　　Je（　　　　　　　　　）employé dans cette entreprise.

　　　　　Enchanté.

Éric　：Bonjour Alain. Je suis（　　　　　　　　）dans une école de

　　　　　commerce. Enchanté.

Alain　：Venez avec moi.

> **Exercices** 音と綴りを覚えましょう。

単母音字（2）

CD 14

1 o, ô [o]   **sot, hôtel, tôt**

2 u, û [y]   **tu, sûr**

3 e の読み方 (2) その単語内に、発音される母音字がほかにない場合は有音

   e [ə]   **je, me, te**

4 e の読み方 (3) 単語末尾ではない e [ə], [e], [ɛ] **venir, les, tel**

次の単語を聞いて繰り返しましょう！

CD 14

1) lot, pommette, fantôme

2) pur, mur, mûre

3) de, le, se

4) cheval, dessin, revue

Conversation 2

CD 15

Alain   :   Bonjour Éric. Comment allez-vous ?

Éric   :   Bonjour Alain. Je vais bien, merci. Et vous ?

Alain   :   Ça va bien, merci. Voilà votre bureau.

Éric   :   Bon, d'accord. À plus tard.

Alain   :   À plus tard.

8

挨拶をする

目上の人の場合

Bonjour, Monsieur / Madame.
Bonsoir, Monsieur / Madame.
Comment allez-vous ?
Vous allez comment ?
Vous allez bien ?
Comment ça va ?

友達同士

Salut Éric.
Salut Alain.
Comment vas-tu ?
Tu vas comment ?
Comment ça va ?
Ça va ?

答える

目上の人の場合

Bonjour, Monsieur / Madame.
Bonsoir, Monsieur / Madame.
Je vais bien, merci. Et vous ?
Ça va merci. Et vous ?
Ça va. Et vous ?

友達同士

Salut Éric.
Salut Alain.
Je vais bien, merci. Et toi ?
Ça va merci. Et toi ?
Ça va. Et toi ?

Je vais bien, merci.
Ça va merci.
Ça va.

別れる

目上の人の場合

Au revoir, Monsieur / Madame.
Au revoir. À demain.
Au revoir. À plus tard.

友達同士

Salut.
Salut. À demain.
Salut. À plus tard.

［挨拶をする］、［答える］、［別れる］を使って、隣の学生と挨拶してみましょう。

9

Leçon 2 Se saluer

✏ 穴埋め

● 目上の人

1) Bonsoir, Madame.

Comment (　　　)-vous ?

2) Je (　　　) bien, merci. Et vous ?

3) Ça (　　　) merci.

● 友達同士

1) Salut Éric. Tu (　　　) comment ?

2) Je (　　　) bien. Et toi ?

3) Ça (　　　).

♪ 聞き取り

● 目上の人

1) Bonjour, Monsieur.

(　　　) (　　　)-vous ?

2) Ça (　　　). Et (　　　) ?

3) (　　　) va, (　　　).

● 友達同士

1) (　　　) Éric. (　　　) ça va ?

2) Ça va. Et (　　　) ?

3) (　　　) va.

✏ 線で結びましょう

1) Bonjour, Monsieur. ・

2) Au revoir, Madame. ・

3) Comment, ça va ? ・

4) À demain. ・

5) Salut, ça va ? ・

・ a) À demain.

・ b) Bonjour, Madame.

・ c) Au revoir.

・ d) Ça va, et toi ?

・ e) Je vais bien merci. Et vous ?

🎬 書いてみましょう！　もう一回聞いて、抜けているところを埋めてみましょう。

Alain　:　Bonjour Éric. (　　　　　　) allez-vous ?

Éric　:　Bonjour Alain. Je vais bien, (　　　　　　).

Et (　　　　　　) ?

Alain　:　Ça va (　　　　　　), merci.

Voilà votre bureau.

Éric　:　Bon, d'accord. À (　　　　　　) tard.

Alain　:　À plus tard.

数字　0〜20

0 zéro	1 un	2 deux	3 trois
4 quatre	5 cinq	6 six	7 sept
8 huit	9 neuf	10 dix	11 onze
12 douze	13 treize	14 quatorze	15 quinze
16 seize	17 dix-sept	18 dix-huit	19 dix-neuf
20 vingt			

綴りと発音を覚えましょう。

4 quatre　14 quatorze

5 cinq

6 six　　　10 dix

7 sept　　8 huit　　17 dix-sept　18 dix-huit

9 neuf　　19 dix-neuf

11 onze　　12 douze　　13 treize　　14 quatorze　　15 quinze　　16 seize

線で結びましょう！

1 ·	· deux	5 ·	· six
7 ·	· huit	6 ·	· trois
2 ·	· un	3 ·	· neuf
8 ·	· sept	9 ·	· dix-sept
12 ·	· douze	17 ·	· cinq

10 ·	· vingt	13 ·	· onze
16 ·	· quatre	15 ·	· treize
12 ·	· seize	11 ·	· quinze
4 ·	· douze	14 ·	· dix-neuf
20 ·	· dix	19 ·	· quatorze

L_{eçon} 3 Dire sa nationalité

> **Exercices** 音と綴りを覚えましょう。

複母音字（1）

CD 19

1 ai, ei [ɛ]   **japonais, anglais, treize**

2 au, eau [o]   **haut, bureau**

3 au, o [ɔ]   **Paul, sort**

次の単語を聞いて繰り返しましょう！

CD 19

1) lait, laine, peine

2) eau, auvent, auberge

3) encore, or, alors

> ## Conversation 3

CD 20

Mike   :   Bonjour. Je m'appelle Mike. Je suis australien.
             Moi aussi, je suis en stage dans cette entreprise.
             Je parle un peu français et japonais.

Éric   :   Bonjour Mike. Je m'appelle Éric. Je suis français.
             Moi, je parle un peu anglais et japonais.

Mike   :   Bon, bonne journée.

Éric   :   Merci. Toi aussi !

12

≡ 国籍を覚えましょう！　名詞の男性形と女性形と複数形 →『京』p.12 参照

CD 21

anglais / anglaise(s)　　australien(s) / australienne(s)　belge(s) / belge(s)

français / française(s)　coréen(s) / coréenne(s)　　　suisse(s) / suisse(s)

japonais / japonaise(s)　italien(s) / italienne(s)　　　russe(s) / russe(s)

≡ 動詞を覚えましょう　**être** →『京』p.2 参照

CD 21

Je **suis**　　　　　　　Nous **sommes**

Tu **es**　　　　　　　　Vous **êtes**

Il / Elle **est**　　　　　Ils / Elles **sont**

≡ 国籍を聞く

CD 21

💬 目上の人の場合

Vous êtes japonais ?

Vous êtes japonaise ?

💬 友達同士

Tu es français ?

Tu es française ?

💬 質問に答える

Je suis...

💬 両方の言い方を使って、隣の学生に様々な国籍を聞いたり、言ったりしてみましょう。

✏️ 穴埋め（国籍）

1) Vous (　　　) coréenne ?　2) Nous (　　　) belges.　3) Ils (　　　) japonais.

♪ 聞き取り

1) Je (　　　) (　　　　　　　　).

2) Tu (　　　) (　　　　　　　　).

3) Elles (　　　) (　　　　　　　　) ?

CD 22

3 Dire sa nationalité

≡ 強勢形人称代名詞　主語　／　強勢形 →『京』p.18 参照

je / moi	**nous / nous**
tu / toi	**vous / vous**
il / lui	**ils / eux**
elle / elle	**elles / elles**

✎ 穴埋め（強勢形）　　　　　　　♪ 聞き取り

CD
23

1) (　　　), il est italien.　　　　1) (　　　) aussi, nous sommes anglais.

2) (　　　), je suis étudiante.　　2) (　　　), ils sont australiens.

3) (　　　), elle est suisse.　　　3) (　　　), tu es russe ?

≡ 国籍：さらに覚えましょう！　名詞の男性形と女性形と複数形

chinois / chinoise(s)	africain(s) / africaine(s)
finlandais / finlandaise(s)	américain(s) / américaine(s)
thaïlandais / thaïlandaise(s)	marocain(s) / marocaine(s)

💬 会話

● 例に倣って様々な国籍について Tu で会話をしましょう。

男性形を使って　　　　　　　　　　女性形を使って

a : Tu es <u>français</u> ?　　　　　　　a : Tu es <u>française</u> ?

b : Oui, je suis <u>français</u>. Et toi ?　　b : Oui, je suis <u>française</u>. Et toi ?

c : Moi, je suis <u>belge</u>.　　　　　　　c : Moi, je suis <u>belge</u>.

● 例に倣って様々な国籍について Vous で会話をしましょう。

男性形を使って　　　　　　　　　　女性形を使って

a : Vous êtes <u>japonais</u> ?　　　　　　a : Vous êtes <u>japonaise</u> ?

b : Oui, je suis <u>japonais</u>. Et vous ?　b : Oui, je suis <u>japonaise</u>. Et vous ?

c : Moi, je suis <u>coréen</u>.　　　　　　　c : Moi, je suis <u>coréenne</u>.

書いてみましょう！ もう一回聞いて、抜けているところを埋めてみましょう。

Mike : Bonjour. Je m'appelle Mike. Je suis (　　　　　).

　　　　Moi (　　　　　), je suis en stage dans cette entreprise.

　　　　Je parle un peu (　　　　) et japonais.

Éric : Bonjour Mike. Je (　　　　　) Éric. Je suis français.

　　　　Moi, je parle un peu (　　　　) et (　　　　).

Mike : Bon, bonne journée.

Éric : Merci. (　　　　) aussi !

数字 **20〜69**

20 vingt　　　　　　21 vingt et un　　　　22 vingt-deux

23 vingt-trois　　　24 vingt-quatre　　　25 vingt-cinq

26 vingt-six　　　　27 vingt-sept　　　　28 vingt-huit

29 vingt-neuf　　　 30 trente　　　　　　31 trente et un

40 quarante　　　　41 quarante et un　　50 cinquante

51 cinquante et un　60 soixante　　　　　61 soixante et un

69 soixante-neuf

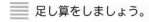 足し算をしましょう。

　　　10 + 10 =　　　　　22 + 9 =　　　　　11 + 14 =

　　　31 + 11 =　　　　　49 + 8 =　　　　　25 + 13 =

　　　56 + 4 =　　　　　 8 + 15 =　　　　　39 + 7 =

　　　24 + 12 =　　　　　36 + 5 =　　　　　47 + 3 =

　　　45 + 6 =　　　　　 53 + 10 =　　　　 58 + 7 =

Leçon 4 — Dire son âge et son lieu d'habitation

Exercices 音と綴りを覚えましょう。

複母音字（2）

CD 25

1 ou, où, oû [u]   **cou, où, vous**

2 eu, œu [ø / œ]   **sœur, peur**

h の発音（1）

（無音の h　母音扱い）**homme, hôtel**　リエゾンなどの対象となる

CD 25

次の単語を聞いて繰り返しましょう！

1) bougie, loup, oubli

2) beurre, heure, lueur

3) habile, hôpital, horloge

Conversation 4

CD 26

Éric　：　Bonjour Mike. Ça va ?

Mike　：　Ça va. J'ai vingt-trois ans aujourd'hui.

Éric　：　Bon anniversaire !

Mike　：　Merci. Je fais une fête ce soir. Tu viens ?

Éric　：　Oui, d'accord. Tu habites où ?

Mike　：　J'habite à Uzumasa.

16

≡ 動詞を覚えましょう　**avoir** → 『京』p.10 参照

J'**ai**	Nous **avons**
Tu **as**	Vous **avez**
Il / Elle **a**	Ils / Elles **ont**

≡ 年齢を聞く

💬 目上の人の場合

Quel âge avez-vous ?

Vous avez quel âge ?

💬 友達同士

Quel âge as-tu ?

Tu as quel âge ?

💬 質問に答える

J'ai vingt et un ans. (un, trente et un...)

Tu as vingt-deux ans. (deux, trois, six, dix, onze...)

Il (Elle) a vingt-quatre ans. (quatre, trente-quatre...)

Nous avons vingt-cinq ans. (cinq...)

Vous avez dix-sept ans. (sept, huit...)

Ils (Elles) ont vingt-neuf ans. (neuf, dix-neuf...)

🗨 両方の言い方を使って、隣の学生に年齢を聞いてみましょう。

≡ アンシェヌマンとリエゾン

　　アンシェヌマンというのは、語末の発音される子音が母音字で始まる次の単語と一緒になって、発音されるということです。例：Tu as quel âge ?

　　リエゾンというのは語末の発音されない子音（主に「z」「t」「n」または「r」「p」「g」で終わるいくつかの単語）が母音字で始まる次の単語と一緒になった場合、発音されるということです。

✎ 穴埋め（年齢）

1) Quel (　　　　) avez-vous ?

2) Tu (　　　) quel âge ?

3) Elles ont vingt-neuf (　　　　).

♪ 聞き取り

1) Vous (　　　　) (　　　　) âge ?

2) Nous (　　　　) (　　　　) ans.

3) Il (　　　　) (　　　　) ans.

CD 29

動詞を覚えましょう **habiter (à)** →『京』p.4 参照

J'**habite (à)**	Nous **habitons (à)**
Tu **habites (à)**	Vous **habitez (à)**
Il / Elle **habite (à)**	Ils / Elles **habitent (à)**

CD 29

住まいを聞く

🗨 目上の人の場合

Où habitez-vous ?

Vous habitez où ?

🗨 友達同士

Où habites-tu ?

Tu habites où ?

🗨 質問に答える

J'habite à Kyoto. / à Osaka.

J'habite au Japon 【le Japon】.

J'habite en France 【la France】. / en Italie 【l'Italie】.

J'habite aux États-Unis 【les États-Unis】.

両方の言い方を使って隣の学生に住まいを聞いたり、言ったりしてみましょう。

さらに国名を覚えましょう！

L'Allemagne	Le Canada	La Corée
L' Australie	Le Cambodge	Les Émirats Arabes Unis
L'Espagne	Le Mexique	La Thaïlande
La Belgique	Les Bahamas	

🗨 会話　例に倣って住まいについて会話をしましょう。

a: Éric est français ?

b: Oui, il est français.

a: Il habite en France ?

b: Non, il habite au Japon.

 穴埋め（住まい）

1) (　　　　　　　　) habitez-vous ?

2) Tu habites (　　　　　　) ?

3) J' (　　　　　　　) à Uzumasa.

🎵 聞き取り

1) (　　　　) (　　　　) à Paris ?

2) (　　　　) (　　　　) ensemble.

3) (　　　　) (　　　　) où ?

CD 30

18

書いてみましょう！　もう一回聞いて、抜けているところを埋めてみましょう。

CD
26

Éric　　: Bonjour Mike. Ça (　　　　　　) ?

Mike　　: Ça va. J'ai (　　　　　) ans aujourd'hui.

Éric　　: Bon anniversaire !

Mike　　: Merci. Je fais une fête ce soir. Tu viens ?

Éric　　: Oui, d'accord. Tu habites (　　　　　　) ?

Mike　　: J' (　　　　　) à Uzumasa.

数字　**70〜100**

CD
31

70 soixante-dix	71 soixante et onze	72 soixante-douze
73 soixante-treize	74 soixante-quatorze	79 soixante-dix-neuf
80 quatre-vingts	81 quatre-vingt-un	88 quatre-vingt-huit
89 quatre-vingt-neuf	90 quatre-vingt-dix	91 quatre-vingt-onze
93 quatre-vingt-treize	94 quatre-vingt-quatorze	
98 quatre-vingt-dix-huit	100 cent	

線で結びましょう！

70 ・　　　　　　・ soixante-seize

71 ・　　　　　　・ soixante-dix

76 ・　　　　　　・ soixante et onze

81 ・　　　　　　・ quatre-vingt-un

84 ・　　　　　　・ quatre-vingt-huit

88 ・　　　　　　・ quatre-vingt-quatre

90 ・　　　　　　・ quatre-vingt-treize

93 ・　　　　　　・ quatre-vingt-dix-huit

98 ・　　　　　　・ quatre-vingt-dix

Exercices 音と綴りを覚えましょう。

CD 32

鼻母音（1）

1 ien, iem, ain, aim, in, im, yn, ym [ɛ̃] **chien, train, vin**

2 oin [wɛ̃] **coin, soin, point**

h の発音（2）

（有音の h　子音扱い）**haut, harpe**
h は発音されないが、リエゾンとエリズィヨンも行わない

CD 32

次の単語を聞いて繰り返しましょう！

1) australien, pain, impossible

2) besoin, moins, loin

3) haie, hamster, haricot

Conversation 5

CD 33

Éric　:　Bonsoir Mike.

Mike　:　Bonsoir Éric.

Éric　:　Tu aimes le vin ?

Mike　:　Oui, j'aime beaucoup le vin. Qu'est-ce que c'est ?

Éric　:　C'est un cadeau. Une bouteille de vin rouge.

Mike　:　Merci, entre.

定冠詞を覚えましょう！ →『京』p.6 参照

男性形　le café, le thé, le vin
　　　　le cinéma, le théâtre

複数形　les gâteaux, les fruits
　　　　les films, les romans

女性形　la glace, la bière
　　　　la musique, la chanson

母音の前で　l'eau, l'orange

動詞を覚えましょう　**aimer** →『京』p.4 参照

J'**aime**
Tu **aimes**
Il / Elle **aime**

Nous **aimons**
Vous **aimez**
Ils / Elles **aiment**

好みを聞く

🗨 目上の人の場合

Qu'est-ce que vous aimez ?
Aimez-vous le thé ?
Vous aimez le café ?

🗨 友達同士

Qu'est-ce que tu aimes ?
Aimes-tu la glace ?
Tu aimes les gâteaux ?

🗨 質問に答える

J'aime le cinéma.
J'aime le thé.
J'aime le café.

🗨 否定で答える (ne~pas)

Je n'aime pas le cinéma.
Je n'aime pas la glace.
Je n'aime pas les gâteaux.

💬 両方の言い方を使って、隣の学生に好みについて色々聞いたり、言ったりしてみましょう。

✏ 穴埋め（定冠詞）

1) Vous aimez (　　　) musique ?

2) Nous aimons (　　　) romans.

3) Ils aiment (　　　) thé.

🎵 聞き取り

1) J' (　　　　　) (　　) café.

2) Tu (　　　　) (　　) glace.

3) Elles (　　　　　) (　　) gâteaux.

CD 35

CD 36

不定冠詞を覚えましょう！ →『京』p.11 参照

💬 質問をする

Qu'est-ce que c'est ?

💬 否定も使って、隣の学生にものについて色々聞いたり、言ったりしてみましょう。

💬 質問に答える

C'est un cadeau.

C'est une bouteille.

Ce sont des chocolats.

💬 否定で答える

Ce n'est pas un cadeau.

Ce n'est pas une bouteille.

Ce ne sont pas des chocolats.

✏️ 穴埋め（不定冠詞）

1) C'est (　　　) bouteille.

2) C'est (　　　) café.

3) Ce sont (　　　) chocolats.

🎵 聞き取り

1) Ce (　　　) pas (　　　) glace.

2) Ce (　　　) pas (　　　) gâteaux.

3) Ce (　　　) pas (　　　) cadeau ?

CD 37

💬 会話　例に倣って好みについて会話をしましょう。

a: Qu'est-ce que c'est ?

b: C'est une glace. Tu aimes la glace ?

a: Oui, j'aime la glace mais j'aime surtout les gâteaux.

b: Moi, je n'aime pas beaucoup les gâteaux.

🔊 **書いてみましょう！** もう一回聞いて、抜けているところを埋めてみましょう。

Éric　　: Bonsoir Mike.

Mike　　: (　　　　　　　) Éric.

Éric　　: Tu aimes (　　　　　　) vin ?

Mike　　: Oui, j'(　　　　　　) beaucoup le vin.

　　　　　　Qu'est-ce que (　　　　　　) ?

Éric　　: C'est (　　　　　) cadeau.

　　　　　(　　　　　　) bouteille de vin rouge.

Mike　　: Merci, entre.

≡ 数字　**100〜1000**

🔊 CD 38

100 cent　　　　200　deux cents　　　312　trois cent douze

473 quatre cent soixante-treize　　　589　cinq cent quatre-vingt-neuf

634 six cent trente-quatre　　　　　728　sept cent vingt-huit

845 huit cent quarante-cinq　　　　953　neuf cent cinquante-trois

1000 mille

≡ 引き算をしましょう。

221 − 100 =　　　　520 − 33 =　　　　400 − 51 =

1034 − 24 =　　　　302 − 39 =　　　　677 − 71 =

585 − 66 =　　　　1995 − 243 =　　　3995 − 2888 =

例に倣って自己紹介しましょう。また、それを暗記して発表しましょう。

例：

Bonjour.

Je m'appelle Sophie Bernard. Je suis française. Je suis étudiante dans une université à Kobe. J'ai vingt-deux ans. Je parle un peu japonais et anglais.

J'habite à Kobe dans le quartier historique « ijinkan ». J'aime la ville de Kobe. J'aime surtout le quartier chinois. C'est un quartier intéressant.

J'ai un ami australien, il s'appelle Mike.
Il habite à Kyoto. J'aime bien être avec lui. C'est un bon ami.
Merci beaucoup.

Propositions de jeux

<u>第1課</u>

●クラス全体で行うゲーム：約5分
目標：職業を覚える
文法：男性形・女性形を区別する

● Jeu Assis / debout : environ 5 min.
Objectif : Nommer des professions
Objectif grammatical : le genre des mots (masculin / féminin)

<u>ゲームの流れ</u>
教員が男性形で « 学生 »と言う → 全員が座る。
教員が女性形で « 学生 »と言う → 全員が立つ。
次の職業が女性形の場合は全員が立ったまま。男性形の場合は全員が座る。
教員が « 医者 » と言う → 男性形と女性形は同じ発音なので、全員が両手を上げる。

Déroulement du jeu
Si l'enseignant dit « étudiant ». → Les joueurs restent assis.
Si l'enseignant dit « étudiante ». → Les joueurs se lèvent.
Si le mot suivant est féminin, les joueurs restent debout. S'il est masculin, ils s'asseyent.
Si l'enseignant dit « médecin ». → Les joueurs mettent les mains en l'air car la prononciation est la même au masculin et au féminin.

<u>第3課</u>

●クラス全体で行うゲーム：約5分
目標：国籍を覚える
文法：男性形・女性形を区別する

● Jeu Assis / debout : environ 5 min.
Objectif : Nommer des nationalités
Objectif grammatical : le genre des mots (masculin / féminin)

<u>ゲームの流れ</u>
教員が男性形で « 中国人 »と言う → 全員が座る。
教員が女性形で « 中国人 »と言う → 全員が立つ。
次の国籍が女性形の場合は全員が立ったまま。男性形の場合は全員が座る。
教員が « ベルギー人 » と言う → 男性形と女性形は同じ発音なので、全員が両手を上げる。

Déroulement du jeu

Si l'enseignant dit « chinois ». → Les joueurs restent assis.

Si l'enseignant dit « chinoise ». → Les joueurs se lèvent.

Si le mot suivant est féminin, les joueurs restent debout. S'il est masculin, ils s'asseyent.

Si l'enseignant dit « belge ». → Les joueurs mettent les mains en l'air car la prononciation est la même au masculin et au féminin.

第4課

●代表者を三人決めて行うゲーム：10分程　　● Un joueur debout : environ 10 min.

目標：情報を伝える　　　　　　　　　　　　Objectifs : Demander et donner des informations

文法：疑問詞を使う　　　　　　　　　　　　Objectif grammatical : la phrase interrogative

ゲームの流れ

教員が全員に目を閉じるように言う。教員がそっと二人の学生を選ぶ。

選ばれたその二人はオニ（ココリコ学生）になる。

全員が目を開ける。教員がもう一人の学生を選ぶ。その学生は質問者になる。

質問者は立って、全員に質問する（同じ質問を繰り返してもよい）。

オニ（ココリコ学生）が質問された場合、オニ（ココリコ学生）は「ココリコ」と答える。

質問者がオニ（ココリコ学生）に質問した時点で、今度はオニが質問者になる。

教員は新たなオニ（ココリコ学生）を選んで、ゲームを続ける。

Déroulement du jeu

L'enseignant demande à tous les joueurs de fermer les yeux. L'enseignant touche discrètement le dos de deux joueurs ou plus. Ces joueurs deviennent les « joueurs-Cocorico ».

Un seul joueur reste debout et pose les questions.

Tout le monde ouvre les yeux. Le joueur debout pose une question. Il peut poser à chaque fois la même question. Quand le joueur pose une question à un « joueur-Cocorico », celui-ci répond « Cocorico » à la place de la réponse correcte. C'est au tour du « joueur-Cocorico » de se mettre debout et de poser des questions. Le jeu continue ainsi, l'enseignant désignant de nouveaux « joueurs-Cocorico» à chaque tour.

Exemples :

1. — Quel âge as-tu ?　何歳ですか。　　　— J'ai 18 ans.　18歳です。

2. — Tu habites où ?　どこに住んでいますか。　— J'habite à Kyoto.　京都に住んでいます。

3. — Tu t'appelles comment ?　お名前は。　— Cocorico.　コクリコ。

第5課

●代表者を一人決めて行うゲーム：10分程　　● Un joueur debout : environ 10 min.

目標：好みについて話す　　　　　　　　　　Objectifs : Parler de soi, parler de ses goûts

文法：否定文を使う　　　　　　　　　　　　Objectif grammatical : la phrase négative

ゲームの流れ

一人の学生が立って、全員に「好きではないもの」を言う。

（教員が男性形・女性形・複数形のいずれかを使うように指示する。）

同意見の学生は立つ。座っている学生は立って、好きではないものを言う。

Déroulement du jeu

Un seul joueur reste debout, il annonce ce qu'il n'aime pas. L'enseignant lui donne pour consigne d'utiliser le masculin, le féminin ou le pluriel.

Tous les joueurs qui se trouvent dans le même cas se lèvent, demander alors à un des joueurs resté assis d'annoncer ce qu'il n'aime pas.

Le jeu recommence.

Exemples :

1. — Je n'aime pas le thé.　お茶・紅茶は好きではないです。

2. — Je n'aime pas la bière.　ビールは好きではないです。

3. — Je n'aime pas les gâteaux.　ケーキは好きではないです。

CD
40
鼻母音（2）

1 un, um [œ̃]　　　**brun, parfum**

2 on, om [ɔ̃]　　　**son, complet**

3 an, am, en, em [ɑ̃]　　**sans, camp, vent, comment**

CD
40
次の単語を聞いて繰り返しましょう！

1) lundi, commun

2) pont, compas

3) banc, campus, lent, temps

Conversation 6

CD
41

Éric　　: Quelle heure est-il, Alain ?

Alain　: Il est presque midi.

Éric　　: Tu déjeunes où ?

Alain　: Je déjeune au restaurant de l'entreprise. Et toi ?

Éric　　: Moi aussi. On y va ensemble ?

Alain　: D'accord.

≡ 定冠詞の縮約を覚えましょう →『京』p.14 参照

男性形　à + le = au café　　　複数形　à + les = aux toilettes

女性形　à + la = à la bibliothèque　母音の前で　à + l' = à l'hôtel

≡ 動詞を覚えましょう　**aller (à)** →『京』p.14 参照

Je **vais (à)**　　　　　Nous **allons (à)**
Tu **vas (à)**　　　　　Vous **allez (à)**
Il / Elle / On **va (à)**　　Ils / Elles **vont (à)**

≡ 場所を表す中性代名詞　**y** →『京』p.29 参照

Je vais au café. = J'**y** vais.

Tu vas à la bibliothèque. = Tu **y** vas.

Elle habite à l'hôtel. = Elle **y** habite.

Nous allons en France. = Nous **y** allons.

Vous habitez aux États-Unis. = Vous **y** habitez.

Ils vont au Japon. = Ils **y** vont.

≡ 行き先を聞く

● 目上の人の場合
Où allez-vous ?
Vous allez où ?

● 友達同士
Où vas-tu ?
Tu vas où ?

● 質問に答える
Je vais au cinéma.

● 否定で答える
Je ne vais pas au cinéma.
Je n'y vais pas.

 両方の言い方を使って、隣の学生に行き先について聞いたり、言ったりしてみましょう。
さらに否定の表現と y も使ってみましょう。

Leçon 6 Dire l'heure

CD 43

✎ 穴埋め（定冠詞の縮約 ／ 中性代名詞）

1) Vous allez (　　　) restaurant ?

1-1) Oui, j'(　) vais.

2) Nous allons (　　　) bibliothèque.

3) Ils habitent (　　　) États-Unis ?

3-1) Non, ils n'(　) habitent pas.

♪ 聞き取り

1) Je (　　　) au (　　　).

2) Tu (　　　) à la (　　　).

3) Elles ne (　　　) pas à l'(　　　).

CD 44

≡ 時間を覚えましょう。

時間を聞く

Quelle heure est-il ?

質問に答える

Il est ...

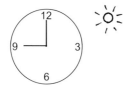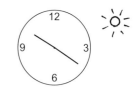

Il est neuf heures.　　Il est neuf heures et quart.　　Il est dix heures vingt.

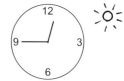

Il est dix heures et demie.　　Il est midi.　　Il est une heure moins le quart.

Il est trois heures moins cinq.　　Il est minuit.

28

次の時計を見て、時間を言ってみましょう。

会話 例に倣って時間について会話をしましょう。様々な場所と時間を使ってください。

例：cinéma, restaurant...16:15, 19:45...

a： À quelle heure vas-tu <u>à la bibliothèque</u> ?

b： J'y vais à <u>deux heures et demie</u>. Et toi ?

a： Moi, je n'y vais pas. Je vais <u>au café</u>.

書いてみましょう！ もう一回聞いて、抜けているところを埋めてみましょう。

Éric　　： Quelle (　　　　　　) est-il, Alain ?

Alain　　： Il est presque (　　　　　　).

Éric　　： Tu (　　　　　) où ?

Alain　　： Je déjeune (　　　　　　) restaurant de l'entreprise. Et toi ?

Éric　　： Moi aussi. On (　　　　　　) va ensemble ?

Alain　　： D'accord.

Leçon 7 Parler de sa famille

Exercices 音と綴りを覚えましょう。

半母音（1）

CD 45

1 u [ɥ]   **lui, huit**

2 oi [wa]   **loi, oui**

3 i + 母音 [j] **hier, bien**

CD 45

次の単語を聞いて繰り返しましょう！

1) depuis, ennui

2) bonsoir, emploi

3) ciel, lion

Conversation 7

CD 46

Éric : Tu as des frères et sœurs, Alain ?

Alain : Oui, j'ai un frère. Il habite à Lyon. Et toi ?

Éric : J'ai une petite sœur. Elle habite à Dijon chez mes parents.

Alain : Qu'est-ce qu'ils font, tes parents ?

Éric : Mon père est ingénieur et ma mère est médecin.

Alain : Moi, mes parents sont à la retraite.

CD
47

📑 所有形容詞 → 『京』p.5 参照

	男性形	女性形	母音の前で	複数形
私の	mon	ma	(mon)	mes
あなたの	ton	ta	(ton)	tes
彼・彼女の	son	sa	(son)	ses

✏️ 穴埋め（所有形容詞）

1) Qu'est-ce qu'il fait, (   ) frère ?   1-1) (   ) frère est étudiant.

2) Qu'est-ce qu'elle fait, (   ) sœur ?   2-1) (   ) sœur est lycéenne.

🎵 聞き取り

1) Qu'est-ce qu'ils font, (   ) parents ?

2) (   ) grand (   ) est à la maison ?

3) (   ) petite (   ) est collégienne, n'est-ce pas ?

CD
48

Leçon 7 Parler de sa famille

CD 49

≣ 家族について聞く

💬 家族について聞く

Tu as des frères et sœurs ?

Qu'est-ce qu'il fait, ton (grand, petit) frère ?

Qu'est-ce qu'elle fait, ta (grande, petite) sœur ?

💬 質問に答える

J'ai un grand frère.　　　　Mon grand frère est étudiant.

J'ai une grande sœur.　　　Ma grande sœur est étudiante.

J'ai un petit frère.　　　　Mon petit frère est lycéen.

J'ai une petite sœur.　　　Ma petite sœur est lycéenne.

Je n'ai pas de frères et sœurs. Je suis fils (fille) unique.

家族について隣の学生に聞いたり、言ったりしてみましょう。

CD 49

≣ 動詞を覚えましょう　**faire** → 『京』p.19 参照

Je **fais**	Nous **faisons**
Tu **fais**	Vous **faites**
Il / Elle / On **fait**	Ils / Elles **font**

faire を使って、隣の学生に色々な質問をしてみましょう。

🖊 穴埋め（動詞）

1) Qu'est-ce que vous (　　　　　　　)
   aujourd'hui ?

2) Nous (　　　　　　　) un stage dans
   une entreprise.

3) Qu'est-ce qu'ils (　　　　　　　), tes
   grands-parents ?

🎵 聞き取り

1) Je (　　　　) un (　　　　).

2) Tu (　　　　) un (　　　　) ?

3) Elle ne (　　　　) pas son
   (　　　　).

CD 50

🗨 会話　例に倣って会話をしましょう。

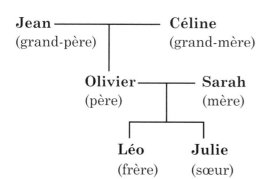

Jean ──────── **Céline**
(grand-père)　　(grand-mère)

　　　　Olivier ──── **Sarah**
　　　　(père)　　　　(mère)

　　　　Léo　　**Julie**
　　　　(frère)　　(sœur)

a : Jean est le grand-père de Julie ?

b : Oui, Jean est son grand-père.

1) Céline est la grand-mère de Julie ?

Oui,

2) Olivier et Sarah sont les parents de Léo ?

Oui,

3) Léo est le frère de Julie ?

Oui,

4) Sarah est la sœur de Julie ?

Non,

✍ 書いてみましょう！　もう一回聞いて、抜けているところを埋めてみましょう。

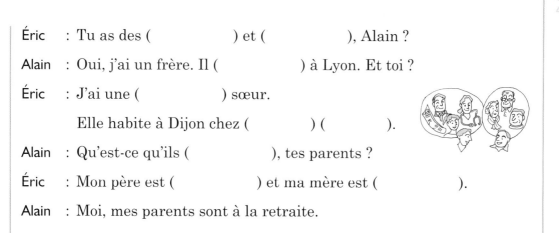

CD 46

Éric　　: Tu as des (　　　　　　) et (　　　　　　), Alain ?

Alain　: Oui, j'ai un frère. Il (　　　　　　) à Lyon. Et toi ?

Éric　　: J'ai une (　　　　　) sœur.

　　　　　Elle habite à Dijon chez (　　　　) (　　　　).

Alain　: Qu'est-ce qu'ils (　　　　　　), tes parents ?

Éric　　: Mon père est (　　　　　　) et ma mère est (　　　　　).

Alain　: Moi, mes parents sont à la retraite.

Exercices 音と綴りを覚えましょう。

🔊 半母音（2）
CD 51

1 ill [ij]   **fille, famille**

2 ail, aill [aj]   **travail, bataille**

3 eil, eill [ɛj]   **soleil, Marseille**

🔊 次の単語を聞いて繰り返しましょう！
CD 51

1) vanille, famille

2) ail, paille

3) sommeil, réveil

Conversation 8

🔊 Mike : Bonjour Éric. Ça va ? Qu'est-ce que tu fais ce soir ?
CD
52

Éric : Ça va. Ce soir, je reste chez moi. Et toi ?

Mike : Moi, je vais aller au cinéma avec des amis.

Éric : Qu'est-ce que tu vas voir ?

Mike : Un film de Patrice Leconte.

Éric : Bon film. Moi, je vais téléphoner à mes parents.

≡ 指示形容詞 → 『京』p.22 参照

CD 53

男性形	女性形	複数形
ce, cet（母音の前）	**cette**	**ces**
ce garçon cet enfant	cette fille	ces garçons, ces enfants, ces filles

◆ 穴埋め（指示形容詞）

1) Vous habitez (   ) appartement ?

2) Nous aimons (   ) musique.

3) Ils n'aiment pas (   ) gâteaux ?

♪ 聞き取り

CD 54

1) (   ) après-midi, je vais (   ) du piano.

2) Je vais (   ) des amis (   ) soir.

3) (   ) fille va (   ) avec nous.

≡ 近接未来を覚えましょう　**aller + 不定詞 (aller, voir...)** → 『京』p.15 参照

CD 55

Je vais faire un gâteau.　　　　Nous allons faire un stage.

Tu vas voyager au Japon.　　　Vous allez téléphoner.

Il / Elle / On va rentrer à la maison.　　Ils / Elles vont prendre le train.

Leçon 8 Parler de ses projets

🔊 CD 56

≡ 予定について聞く

💬 予定について聞く

Qu'est-ce que tu vas faire ce matin (cet après-midi) ?

Qu'est-ce que vous allez faire ce soir ?

💬 質問に答える

Je vais étudier le français.

Je vais regarder la télé.

Je vais lire un livre.

Je vais écouter de la musique.

両方の言い方を使って、隣の学生に予定について聞いたり、言ったりしてみましょう。

✏️ 穴埋め（近接未来）

1) Vous n'allez pas (   ) le français ?（勉強する）

2) Nous allons (   ) un livre à la bibliothèque.（読む）

3) Ils vont (   ) de la musique.（聞く）

🔊 CD 57

🎵 聞き取り

1) Je (   ) (   ) en Italie puis en France cet été.

2) Tu (   ) (   ) à la maison.

3) Elles ne (   ) pas (   ) la télé.

36

≡ 天気を覚えましょう

☀ faire soleil / faire beau　　　　☂ pleuvoir

☁ faire gris / faire mauvais　　　☃ neiger

🗨 会話　例に倣って天気について会話をしましょう。

a : Quel temps va-t-il faire à Osaka ?

b : À Osaka, il va pleuvoir.

📣 書いてみましょう！　もう一回聞いて、抜けているところを埋めてみましょう。

CD 52

Mike	:	Bonjour Éric. Ça va ? Qu'est-ce que tu fais (　　　　　) ?
Éric	:	Ça va. Ce soir, je reste (　　　　) (　　　　). Et toi ?
Mike	:	Moi, je (　　　　) aller au cinéma avec des amis.
Éric	:	(　　　　) tu vas voir ?
Mike	:	Un film de Patrice Leconte.
Éric	:	Bon film. Moi, je vais (　　　　) à mes parents.

Exercices 音と綴りを覚えましょう。

CD 58

半母音（3）

1 euil, euill [œj] **fauteuil, feuille**

2 ouil, ouille[uj] **fenouil, grenouille**

CD 58

次の単語を聞いて繰り返しましょう！

1) Auteuil, feuilleton

2) andouille, nouille

Conversation 9

CD 59

Éric : Bonjour Alain. Il est joli ton t-shirt.

Alain : Je viens de l'acheter.

Éric : Il est aussi élégant que ta veste.

Alain : Merci. Je suis le plus élégant de cette entreprise !
Je plaisante !

Éric : Oui, je sais bien !

形容詞を覚えましょう！ → 『京』p.6 参照

CD 60

男性形	女性形
cher(s)	chère(s)
confortable(s)	confortable(s)
court(s)	courte(s)
élégant(s)	élégante(s)
joli(s)	jolie(s)
long(s)	longue(s)

色を覚えましょう！

CD 60

男性形	女性形
blanc(s)	blanche(s)
bleu(s)	bleue(s)
gris	grise(s)
jaune(s)	jaune(s)
noir(s)	noire(s)
vert(s)	verte(s)
violet(s)	violette(s)

形容詞の比較級・最上級

CD 60

比較級　　plus... que (+)　　Ce t-shirt est plus joli que ce pull.

　　　　　moins... que (−)　Cette chemise est moins élégante que ce pantalon.

　　　　　aussi... que (=)　Cette veste est aussi chère que cet imperméable.

最上級　　le, (la, les) plus... de　　Ce manteau est le plus cher de
　　　　　　　　　　　　　　　　　　mes vêtements.

　　　　　le, (la, les) moins... de　Ces chaussures sont les plus confortables
　　　　　　　　　　　　　　　　　　du magasin.

穴埋め（比較級・最上級）

1) La robe est (　　　) jolie (　　　) la jupe. (+)

1-1)　Elle est (　　) (　　　) jolie de mes robes.(+)

2) La veste est (　　　) longue (　　　) le manteau. (–)

2-1)　Il est (　　) (　　　) cher de mes vêtements.(–)

3) Mes chaussures sont (　　　) confortables (　　) mes bottes. (=)

3-1)　Elles sont (　　) (　　　) confortables que j'ai.(+)

♪ 聞き取り

CD 61

1) Le pull est plus (　　　　) que la veste.

2) Le t-shirt est moins (　　　　) que la chemise.

3) Mes bottes sont aussi (　　　　) que les bottes de ma sœur.

CD 62 ≣ 衣服の名前を覚えましょう

男性形	女性形	複数形
le manteau	la chemise	les bottes
le pantalon	la jupe	les chaussures
le pull	la veste	
le t-shirt	la robe	

≡ 衣服について聞く

💬 衣服について聞く | 💬 質問に答える

Qu'est-ce que vous portez ?　　Je porte un manteau long.

Qu'est-ce que tu portes ?　　Il porte un pantalon noir et une chemise blanche.

Qu'est-ce qu'il porte, Mike ?　　La chemise est plus élégante que le pantalon.

Qu'est-ce qu'elle porte, Miyako ?　　Elle porte une longue jupe verte. C'est la plus jolie jupe qu'elle a.

💬💬 様々な人の衣服について隣の学生に聞いたり、言ったりしてみましょう。

💬 会話　次の質問に答えてみましょう。

1) Qu'est-ce que vous portez le plus souvent : une jupe, un pantalon ?

2) Qu'est-ce que vous portez le moins souvent : une veste, un manteau ?

3) Quelle est la couleur que vous aimez le plus ?

4) Quelle est la couleur que vous aimez le moins ?

📕 書いてみましょう！　もう一回聞いて、抜けているところを埋めてみましょう。

Éric　：　Bonjour Alain. Il est joli ton (　　　　　　).

Alain　：　Je viens de (　　　　　　) acheter.

Éric　：　Il est (　　　　　　) élégant (　　　　　　) ta veste.

Alain　：　Merci. Je suis (　　　　　　) élégant (　　　　　　)

cette entreprise ! Je plaisante !

Éric　：　Oui, je sais bien !

Leçon 10 Parler de ses amis

> **Exercices** 音と綴りを覚えましょう。

🔊 例外
CD 63

1 il [i] **fusil, gentil**

2 ill [il] **mille, ville**

🔊 次の単語を聞いて繰り返しましょう！
CD 63

1) outil, sourcil

2) tranquille, tranquillité

> ## Conversation 10

🔊 CD 64

Alain : Alors, tu connais Mike ?

Éric : Oui, bien sûr. Je le trouve très gentil.

Alain : Il est toujours souriant et aimable.

Éric : C'est vrai. J'aime bien discuter avec lui.

Alain : Moi aussi.

≡ 形容詞を覚えましょう →『京』p.11 参照

CD
65

男性形　　　　　　　　　　　女性形

（外見）

beau(x)	belle(s)
grand(s)	grande(s)
gros	grosse(s)
joli(s)	jolie(s)
mince(s)	mince(s)
jeune(s)	jeune(s)
vieux	vieille(s)

（内面）

amusant(s)	amusante(s)
aimable(s)	aimable(s)
bavard(s)	bavarde(s)
intelligent(s)	intelligente(s)
gentil(s)	gentille(s)
timide(s)	timide(s)
souriant(s)	souriante(s)
sympa(s)	sympa(s)

≡ 友達について聞く

CD
65

🔵 目上の人の場合

Vous connaissez Miyako ?
Vous la trouvez comment ?

🔵 友達同士

Tu connais Miyako ?
Tu la trouves comment ?

🔵 質問に答える

Je connais Miyako. = Je la connais.
Je la trouve jolie et intelligente.

両方の言い方を使って、隣の学生に友達について聞いたり、言ったりしてみましょう。

🖊 穴埋め（形容詞）

1) Elle est (　　　　　　　) ta mère ?（優しい）

1-1) Oui, elle est (　　　　　　　) et (　　　　　　　).（優しい、おしゃべり）

2) Mes parents sont (　　　　　　　).（若い）

3) Mon frère est (　　　　　　　) et (　　　　　　　).（細い、背が高い）

CD 66 🎵 聞き取り

1) Je suis (　　　　　　) et (　　　　　　).

2) Il est (　　　　　　) et (　　　　　　).

3) Elles ne sont pas (　　　　　　).

CD 67 ☰ 直接目的語人称代名詞　**le, la, les** →『京』p.24 参照

Tu connais Mike ? = Tu le connais ?

Tu trouves Miyako comment ? Je la trouve sympa.

Tu aimes bien tes parents ? Je les aime bien.

🗨 直接目的語人称代名詞を使って自由にやりとりをしてみましょう。

🖊 穴埋め（直接目的語人称代名詞）

1) Tu trouves ses parents comment ?

1-1) Je (　　) trouve gentils.

2) Vous (　　) connaissez, cette bibliothèque ?

3) Ils (　　) aiment beaucoup.

CD 68 🎵 聞き取り

1) Je (　　　　) aime beaucoup ce film.

2) Tu (　　　　) connais cette fille là-bas ?

3) Elles ne (　　　　) trouvent pas.

💬 会話　例に倣って直接目的語人称代名詞を使い、次の質問に否定で答えてみましょう。

a : Tu connais la ville de Québec ?

b : Non, je ne la connais pas.

1) Tu connais les amis de Miyako ?

   Non,

2) Il aime la glace au chocolat ?

   Non,

3) Elle trouve Eric sympa ?

   Non,

4) Tu trouves Miyako gentille ?

   Non,

🔔 書いてみましょう！　もう一回聞いて、抜けているところを埋めてみましょう。

🔊 CD 64

Alain	:	Alors, tu ( ) Mike ?
Éric	:	Oui, bien sûr. Je ( ) trouve très ( ).
Alain	:	Il est toujours ( ) et ( ).
Éric	:	C'est vrai. J'aime ( ) discuter avec ( ).
Alain	:	Moi aussi.

CD
69

例に倣って家族を紹介しましょう。また、それを暗記して発表しましょう。

例：

Bonjour. Je m'appelle Sophie.

Aujourd'hui, je présente ma famille.

Nous sommes quatre dans ma famille : mon père, ma mère, ma petite sœur et moi. J'habite à Kyoto avec ma famille. (J'habite seule à Kyoto.) (J'habite à l'internat.) Mon père est ingénieur, ma mère est médecin et ma petite sœur est collégienne. J'aime beaucoup ma famille.

Mes parents sont jeunes et amusants. Ma mère est la plus gentille de la famille. Ma petite sœur est mince et jolie. Elle est plus grande que moi. J'aime bien passer du temps avec elle. Je la trouve vraiment sympa.

Ce printemps, je vais aller chez mes grands-parents.

Je vais bien profiter des vacances ! Merci beaucoup.

Propositions de jeux

第7課

●クラス全体で行うゲーム：約10分
目標：所有するものを言う
文法：所有形容詞

● Passe passe : environ 10 min.
Objectif : Exprimer l'appartenance
Objectif grammatical : les adjectifs possessifs

ゲームの流れ

教員が全員にペンや鍵などの持ち物を一つ選ぶように言う。
学生たちが自分の持ち物を他の学生に「これは私のペンです。」と言って渡す。
それを受け取った学生は他の学生に「これはマミさんのペンです。」と言って渡す。
開始して、5分経ってから、教員がゲームをとめる。
学生は止まった時点で持っていたものを「これはあなたのペンです。」と言ってそれぞれが持ち主に返す。
持ち主は「私のペンを返してくれてありがとう。」と答える。

Déroulement du jeu

Demander aux joueurs de choisir un objet personnel (un stylo, des clés...)
Les joueurs se déplacent dans la classe et passent l'objet qu'ils ont choisi à un joueur de leur choix en disant « voici mon stylo », par exemple.
Le joueur le passe ensuite à quelqu'un d'autre en disant « c'est le stylo de Mami ».
Au bout de cinq minutes, l'enseignant tape dans ses mains et arrête le jeu.
Le joueur restitue l'objet à son propriétaire en disant « Voici ton stylo ». Le propriétaire répond « Merci pour mon stylo ».

第8課

●代表者を二人決めて行うゲーム：約10分
目標：移動させたものを見つける
文法：指示形容詞

● Les objets déplacés : environ 10 min.
Objectif : Désigner des objets
Objectif grammatical : les adjectifs démonstratifs

ゲームの流れ

教員が二人の学生に教室から出てもらう。
教室に残った学生が教室にある三つのものを移動させる。
出ていた学生が教室に戻ってくる。移動されたものを指して「これは移動された。」と言う。
三つとも分かった時点で、新たに二人の学生に教室から出てもらう。

Déroulement du jeu

Demander à deux joueurs de sortir de la salle. Les autres joueurs déplacent alors trois objets dans la salle. Les joueurs sortis reviennent dans la salle et doivent dire quels objets ont été déplacés. Quand

ils les trouvent, ils les montrent du doigt et disent : « Ce,cet,cette, ces…n'est pas à la bonne place. »
Lorsque tous les objets déplacés ont été identifiés, deux nouveaux joueurs sortent de la classe et le
jeu recommence.

第9課 (1)

●クラス全体で行うゲーム：約5分　　　　●Jeu Assis / debout : environ 5 min.
目標：色を覚える　　　　　　　　　　　　Objectif : Nommer des couleurs
文法：男性形・女性形を区別する　　　　　Objectif grammatical : le genre des mots (masculin / féminin)

ゲームの流れ
教員が男性形で « 白 »と言う → 全員が座る。
教員が女性形で « 白 »と言う → 全員が立つ。
次の色も女性形の場合は全員が立ったまま。男性形の場合は全員が座る。
教員が « 黄色 » と言う → 男性形と女性形は同じ発音なので、全員が両手を上げる。

Déroulement du jeu
Si l'enseignant dit « blanc ». → Les joueurs restent assis.
Si l'enseignant dit « blanche ». → Les joueurs se lèvent. Si le mot suivant est féminin, les joueurs
restent debout. S'il est masculin, ils s'asseyent.
Si l'enseignant dit « jaune ». → Les joueurs mettent les mains en l'air car la prononciation est la même
au masculin et au féminin.

第9課 (2)

●クラス全体で行うゲーム：約10分　　　　● Toujours plus : environ 10 min.
目標：覚えたことを順番に言えるようになる　Objectif : Mémorisation
文法：形容詞　　　　　　　　　　　　　　Objectif grammatical : les adjectifs

ゲームの流れ
教員が全員に立つように言う。
学生（1）が「旅に出るので、鞄に黒いズボンを入れる」と学生（2）に言う。
学生（2）は「旅に出るので、鞄に黒いズボンと青いＴシャツを入れる」と次の学生に言う。
一つずつ単語を足しながら続け、言われたことを忘れた学生が座る。残った学生が勝ち。

Déroulement du jeu
Le joueur 1 dit : « Je pars en voyage et dans ma valise je mets un pantalon noir. »
Le joueur 2 dit : « Je pars en voyage et dans ma valise je mets un pantalon noir, un t-shirt bleu… »
Quand un joueur oublie ce qui a été dit, il s'assied. Le gagnant est le dernier joueur debout.

第10課 (1)

●クラス全体で行うゲーム：約5分　　　　● Jeu Assis / debout : environ 5 min.
目標：形容詞を覚える　　　　　　　　　　Objectif : Nommer des adjectifs
文法：男性形・女性形を区別する　　　　　Objectif grammatical : le genre des adjectifs (masculin / féminin)

ゲームの流れ
教員が男性形で « 美しい »と言った場合 → 全員が座る。
教員が女性形で « 美しい »と言った場合 → 全員が立つ。
次の形容詞も女性形の場合は全員が立ったまま。男性形の場合は全員が座る。
教員が « 若い » と言うと → 男性形と女性形は同じ発音なので、全員が両手を上げる。

Déroulement du jeu
Si l'enseignant dit « beau ». → Les joueurs restent assis.
Si l'enseignant dit « belle ». → Les joueurs se lèvent. Si le mot suivant est féminin, les joueurs
restent debout. S'il est masculin, ils s'asseyent.
Si l'enseignant dit « jeune ». → Les joueurs mettent les mains en l'air car la prononciation est la même
au masculin et au féminin.

第10課 (2)

●代表者を複数人決めて行うゲーム：約10分　● Devinettes : environ 10 min.
目標：ものや人を描写する　　　　　　　　Objectifs : Décrire des choses ou des personnes
文法：直接目的語人称代名詞　　　　　　　Objectif grammatical : les pronoms compléments directs

ゲームの流れ
なぞなぞに答える：教員が学生になぞなぞを出題する。
次に学生が二人一組でなぞなぞを二つ作り、他の学生に出して、答えてもらう。

例： 飲み物です。熱くても冷たくてもそれを好きです。→ コーヒー、お茶・紅茶
　　　朝か晩にこれを使って、水を浴びます。→ シャワー
　　　食べ物です。食後やおやつに食べます。甘いです。→ ケーキ

Déroulement du jeu
Répondre à des devinettes : poser une devinette aux joueurs et leur demander de trouver la réponse.
Ensuite leur demander de préparer deux devinettes par deux et dc les poser aux autres joueurs.

Exemples :
On l'aime chaud ou froid. → le café, le thé
On la prend le matin ou le soir. → la douche
On les mange après le repas. → les gâteaux

Leçon 11 — Une rencontre

Exercices 音と綴りを覚えましょう。

その他

1 tion [sjɔ̃]   **aviation, station**

2 th [t]   **thé, mathématique**

3 gn [ɲ]   **agneau, campagne**

次の単語を聞いて繰り返しましょう！

1) action, location

2) théâtre, théière

3) montagne, cygne

Conversation 11

Éric se promène à l'Institut français de Kyoto.

Le dimanche, il y a un marché. Il s'assied sur un banc.

Il mange une crêpe.

Miyako	:	C'est libre ?
Éric	:	Oui, vous voulez vous asseoir ?
Miyako	:	Oui, avec plaisir.
Éric	:	Je vous en prie.

≡ 曜日・月・季節を覚えましょう

CD 72

曜日 ： lundi, mardi, mercredi, jeudi, vendredi, samedi, dimanche

月 ： janvier, février, mars, avril, mai, juin, juillet, août, septembre, octobre, novembre, décembre

季節 ： le printemps, l'été, l'automne, l'hiver

≡ 曜日・月について聞く

CD 72

💬 曜日・月について聞く

Quel jour sommes-nous ?

Quel mois sommes-nous ?

En quelle saison sommes-nous ?

Quelle saison aimes-tu ?

💬 質問に答える

Nous sommes lundi.   Aujourd'hui, c'est mardi.

Nous sommes en janvier.   Nous sommes au mois de février.

Nous sommes au printemps, en été, en automne, en hiver.

J'aime le printemps, l'été, l'automne, l'hiver.

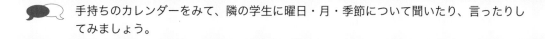 手持ちのカレンダーをみて、隣の学生に曜日・月・季節について聞いたり、言ったりしてみましょう。

✏️ 穴埋め（曜日・月・季節）　　　🎵 聞き取り

1) Quel (　　　　　　) sommes-nous ?　　　1) (　　　　　) saison aimes-(　　　) ?

1-1) Nous (　　　　　) vendredi.　　　　　2) (　　　) aime l'(　　　　).

2) Quel (　　　　　) sommes-nous ?　　　　3) (　　　　) sommes (　　　　).

3) Nous (　　　　) en septembre.

4) En quelle (　　　　) sommes-nous ?

🔊 CD 73

🔊 CD 74

≡ 代名動詞を覚えましょう　**se promener** → 『京』 p.26 参照

Je **me promène**　　　　　Nous **nous promenons**
Tu **te promènes**　　　　　Vous **vous promenez**
Il / Elle / On **se promène**　Ils / Elles **se promènent**

💬 質問する

Vous vous appelez comment ?　　　　Tu t'appelles comment ?
Vous vous promenez le dimanche ?　Tu te promènes en hiver ?

💬 質問に答える　　　　　　　　　💬 否定で答える

Je m'appelle...　　　　　　　　　　Je ne m'appelle pas...
Je me promène le dimanche.　　　Je ne me promène pas en hiver.

🗨 代名動詞を使って、隣の学生に日常について聞いたり、言ったりしてみましょう。

≡ 肯定と否定で答えてみましょう。

Vous vous lavez ?　→　Oui, nous　　　　　　　/ Non, nous
Elle se coiffe ?　　→　Oui, elle　　　　　　　/ Non, elle
Il se rase ?　　　　→　Oui, il　　　　　　　　/ Non, il
Tu te lèves ?　　　→　Oui, je　　　　　　　　/ Non, je
Ils se couchent ?　→　Oui, ils　　　　　　　/ Non, ils

✏️ 穴埋め（代名動詞）

1) Vous vous (　　　　) tôt ? (se coucher)　　1-1) Oui, je me (　　　) tôt.

2) Nous nous (　　　　) tard le dimanche. (se lever)

3) Ils se (　　　　) ? (se raser)　　　　　3-1) Non, ils ne se (　　　) pas.

♪ 聞き取り

1) (   ) (   ) (   ) maquille pas.

2) (   ) (   ) laves le soir ?

3) (   ) (   ) (   ) coiffent pas.

✏ 書いてみよう　次の動詞の不定詞を書いてみましょう。さらに日本語に訳してみましょう。

1) Je me lève →

2) Tu te couches →

3) Il s'appelle →

4) Nous nous promenons →

5) Vous vous maquillez →

6) Elles se coiffent →

📣 書いてみましょう！　もう一回聞いて、抜けているところを埋めてみましょう。

Éric se (   ) à l'Institut français de Kyoto.

Le (   ), il y a un marché.

Il s'assied sur un banc. Il mange une crêpe.

Miyako　：　C'est (   ) ?

Éric　：　Oui, vous voulez (   ) asseoir ?

Miyako　：　Oui, avec (   ).

Éric　：　Je vous en prie.

Leçon 12 — Éric raconte son dimanche

Exercices 音と綴りを覚えましょう。

CD 76

子音字（1）

1 ch, sh [ʃ]   **chou, shampooing**

2 j [ʒ]   **joue, Japon**

3 ch [k]   **technique, archaïque**

CD 76

次の単語を聞いて繰り返しましょう！

1) chambre, dimanche

2) journée, journal

3) orchestre, orchidée

Conversation 12

CD 77

Mike : Tu as passé un bon dimanche, Éric ?

Éric : Oui, j'ai rencontré une fille au marché de l'Institut.

Mike : Elle est japonaise ?

Éric : Oui. Elle étudie le français à l'université. Je lui ai donné mon adresse mail.

Mike : Tu n'as pas perdu de temps !

Éric : J'ai envie de la revoir.

≡ 間接目的語人称代名詞　**lui, leur** →『京』p.24 参照

Je donne mon adresse **à Miyako**. = Je lui donne mon adresse.

J'ai donné mon adresse **à Miyako**. = Je lui ai donné mon adresse.

Je donne mon numéro de téléphone **à Miyako et à Mike**.
= Je leur donne mon numéro de téléphone.

J'ai donné mon numéro de téléphone **à Miyako et à Mike**.
= Je leur ai donné mon numéro de téléphone.

💬 間接目的語人称代名詞を使って、自由にやりとりをしてみましょう。

✏ 穴埋め（間接目的語人称代名詞と所有形容詞）

1) Tu (　　　) donnes ton livre ?

1-1)　Oui, je donne (　　　) livre à Mike.

2) Nous (　　　) avons téléphoné hier.

2-1)　Vous avez téléphoné hier à (　　　) amis ?

♪ 聞き取り

1) (　　　　) (　　　　) ai envoyé un cadeau.

2) (　　　　) (　　　　) as écrit ?

3) (　　　　) ne (　　　　) ont pas parlé de leurs vacances.

CD
78

≡ 直説法複合過去の活用を覚えましょう。　助動詞：**avoir** →『京』p.32 参照

CD
79

J'ai passé　　　　　　　Nous **avons passé**
Tu **as passé**　　　　　　Vous **avez passé**
Il / Elle / On **a passé**　　Ils / Elles **ont passé**

≡ **avoir** と使う過去分詞の一部を覚えましょう

avoir = **eu**　　　　　boire = **bu**　　　　　être = **été**
faire = **fait**　　　　manger = **mangé**　　　prendre = **pris**

Leçon 12 Éric raconte son dimanche

🔊 CD 80 ▤ 直説法複合過去の活用を覚えましょう　助動詞：**être** →『京』p.33 参照

Je **suis allé(e)**　　　　Nous **sommes allé(e)s**

Tu **es allé(e)**　　　　　Vous **êtes allé(e)s**

Il **est allé**　　　　　　Ils **sont allés**

Elle **est allée**　　　　　Elles **sont allées**

On **est allé(e)s**

▤ **être** と使う過去分詞の一部を覚えましょう

arriver = **arrivé**　　　sortir = **sorti**

rentrer = **rentré**　　　partir = **parti**

aller = **allé**　　　　　venir = **venu**

🔊 CD 80 ▤ 週末について聞く

💬 週末について聞く

Qu'est-ce que tu as fait ce week-end ?

Qu'est-ce que vous avez fait ce week-end ?

Tu as passé un bon dimanche ?

Vous avez passé un bon dimanche ?

💬 質問に答える

Je suis allé(e)...

J'ai passé un bon dimanche. J'ai fait...

🗨️ 両方の言い方を使って、隣の学生に週末について聞いたり、言ったりしてみましょう。

✏️ 穴埋め（直説法複合過去　avoir と être）

1) Vous (　　　) mangé au restaurant hier soir ?

1-1)　Oui, j'(　　　) mangé au restaurant avec des amis.

2) Nous (　　　) allés à la bibliothèque.

3) Non, ils n'(　　　) pas habité ici.

54

♪ 聞き取り

1) (　　　　　) (　　　　　　　) (　　　　　　　　) tard.

2) (　　　　　) (　　　　　　　) (　　　　　　　　) à la maison.

3) (　　　　　) ne (　　　　　　　) pas (　　　　　　).

💬 会話　例に倣って、次の質問に両方の言い方を使って、答えてみましょう。

a : Yukiko, tu es déjà allée en France ?

b : Oui, je suis déjà allée en France. / Non, je ne suis pas encore allée en France.

1) Tu as déjà pris l'avion ?

2) Tu as déjà vu tes amis ?

3) Tu es déjà partie seule en voyage ?

4) Tu es déjà montée au Mont Fuji ?

📖 書いてみましょう！　もう一回聞いて、抜けているところを埋めてみましょう。

Mike	:	Tu as (　　　　　　) un bon dimanche, Éric ?
Éric	:	Oui, j'ai (　　　　　　) une fille au marché de l'Institut.
Mike	:	Elle est japonaise ?
Éric	:	Oui. Elle étudie le (　　　　　　) à l'université.
		Je (　　　　　) ai donné mon adresse mail.
Mike	:	Tu n'as pas (　　　　　) de temps !
Éric	:	J'ai envie de (　　　　　) revoir.

55

Leçon 13　Éric et Miyako se revoient

> **Exercices**　音と綴りを覚えましょう。

子音字（2）

CD
82

1 qu [k]　**quand, qui**

2 c [k]　**cabas, carte**

3 c [s]　**ceci, cela**

4 ç [s]　**ça, garçon**

CD
82

次の単語を聞いて繰り返しましょう！

1) quatre, que

2) contre, curieux

3) ce, cerise

4) français, François

Conversation 13

CD
83

Éric　　 : Tu t'es bien amusée ce soir ?

Miyako : Oui, je me suis beaucoup amusée. Et toi ?

Éric　　 : Moi aussi.

Miyako : Je ne me suis jamais promenée aussi longtemps !

Éric　　 : Tu es fatiguée ?

Miyako : Non, ça va, mais je vais rentrer à la maison.

Éric　　 : Bon alors, bonne nuit.

Miyako : Oui, bonne nuit.

気持らを表す形容詞

CD 84

男性形	女性形
amoureux	amoureuse(s)
content(s)	contente(s)
ennuyé(s)	ennuyée(s)
fatigué(s)	fatiguée(s)
joyeux	joyeuse(s)
heureux	heureuse(s)
malheureux	malheureuse(s)
surpris	surprise(s)

気持ちについて聞く

CD 84

🗨 気持ちについて聞く

Vous êtes content ?   Tu es content ?

Qu'est-ce que vous avez ?   Qu'est-ce que tu as ?

🗨 質問に答える

Oui, je suis content. J'ai réussi mon examen.

Je suis malheureuse. J'ai raté mon examen.

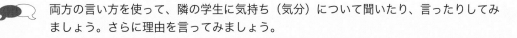

両方の言い方を使って、隣の学生に気持ち（気分）について聞いたり、言ったりしてみましょう。さらに理由を言ってみましょう。

Leçon 13 Éric et Miyako se revoient

✏️ 穴埋め（気持ちを表す形容詞）

1) Vous êtes (   )？（疲れました／女性複数形）

2) Nous sommes (   ).（びっくりしました）

3) Ils sont (   )？（幸せな）

🔊 CD 85

🎵 聞き取り

1) (   ) suis (   ) aujourd'hui.

2) (   ) es (   )？

3) (   ) ne se sont pas (   )？

🔊 CD 86

☰ 代名動詞の複合過去形の作り方を覚えましょう　**se promener** →『京』p.33 参照

Je me **suis** promené(e)	Nous nous **sommes** promené(e)**s**
Tu t'**es** promené(e)	Vous vous **êtes** promené(e)(**s**)
Il / Elle / On s'**est** promené(e)	Ils / Elles se **sont** promené(e)**s**

💬 代名動詞の複合過去形を使って、隣の学生に日常について聞いたり、言ったりしてみましょう。

✏️ 穴埋め（代名動詞の複合過去形）

1) Vous vous (   ) amusés hier soir ?

2) Nous nous (   ) rencontrés en France.

3) Ils ne se (   ) pas levés tôt ce matin.

♪ 聞き取り

1) Je (　　　) suis (　　　　　) tard.（女性形）

2) Tu (　　　) es (　　　　　) ce matin.（男性形）

3) Elles ne (　　　) sont pas (　　　　　).

✎ 次の動詞を複合過去形にしてみましょう。

1) Elle (s'habiller)

　..

2) Il (se déshabiller)

　..

3) Je (se perdre)

　..

4) Elles (se dépêcher)

　..

5) Ils (s'ennuyer)

　..

📖 書いてみましょう！　もう一回聞いて、抜けているところを埋めてみましょう。

Éric	:	Tu t'es bien (　　　　　　　) ce soir ?
Miyako	:	Oui, je me (　　　　　　) beaucoup amusée. Et toi ?
Éric	:	Moi aussi.
Miyako	:	Je ne me suis jamais (　　　　　　　) aussi longtemps !
Éric	:	Tu es (　　　　　　) ?
Miyako	:	Non, ça va, mais je (　　　　　　)
		(　　　　　　) à la maison.
Éric	:	Bon alors, bonne nuit.
Miyako	:	Oui, bonne nuit.

Leçon 14 Éric parle de son enfance

> **Exercices** 音と綴りを覚えましょう。

CD 88

子音字（3）

1 ga, go, gu [g]　　**garage, gomme, aigu**

2 ge, gi, gy [ʒ]　　**âge, gibier, gymnastique**

3 gea, geo, geu [ʒ]　　**géant, pigeon, largeur**

4 gue, gui, guy [g]　　**langue, guide, Guy**

次の単語を聞いて繰り返しましょう！

CD 88

1) gare, golf, aigu

2) geste, gingembre

3) geai, géographie, plongeur

4) guerre, guirlande, Guy

Conversation 14

CD 89

Éric　：　Qu'est-ce que tu as fait ce week-end ?

Alain　：　Je me suis promené sur la plage de Suma.

Éric　：　Petit, j'aimais beaucoup aller à la plage. Et toi ?

Alain　：　Moi aussi, j'aimais beaucoup y aller.

Éric　：　Je passais des heures à faire des châteaux de sable.

Alain　：　Oui, c'était sympa, les châteaux
de sable !

直説法半過去を覚えましょう　**faire** →『京』p.34 参照

Je **faisais**	Nous **faisions**
Tu **faisais**	Vous **faisiez**
Il / Elle / On **faisait**	Ils / Elles **faisaient**

直説法半過去を覚えましょう　**être** →『京』p.34 参照

J'**étais**	Nous **étions**
Tu **étais**	Vous **étiez**
Il / Elle / On **était**	Ils / Elles **étaient**

aimer + 不定詞

J'**aimais** aller à la plage.　Nous **aimions** aller nous promener.
Tu **aimais** regarder la télé.　Vous **aimiez** aller vous amuser.
Il **aimait** lire des livres et des BD.　Ils **aimaient** aller se baigner.
Elle **aimait** jouer à la poupée.　Elles **aimaient** aller se coiffer souvent.

子供時代について聞く

🗨 子供時代について聞く
Comment étais-tu, enfant ?
Comment étiez-vous, enfant ?
Qu'est-ce que tu aimais faire dans ton enfance ?
Qu'est-cc que vous aimiez faire dans votre enfance ?

🗨 質問に答える
Enfant, j'étais très timide.
J'aimais beaucoup jouer toute seule à la poupée...

🗨 両方の言い方を使って、隣の学生に子供時代について聞いたり、言ったりしてみましょう。

✎ 穴埋め（直説法半過去）

1) Comment (   )-tu, enfant ? (être)

2) Nous (   ) aller à la plage. (aimer)

3) Ils (   ) aux États-Unis ? (habiter)

3-1) Non, ils n' y (   ) pas. (habiter)

♪ 聞き取り

🔊 CD 91

1) Je (   ) au Japon.

2) Tu (   ) des châteaux de sable.

3) Elles ne (   ) pas beaucoup de temps à la maison.

✎ 穴埋め（aimer + 不定詞）

1) Qu'est-ce que vous aimiez (   ) dans votre enfance ?

2) Nous aimions (   ) à la poupée.

3) Ils aimaient (   ) se (   ) sur la plage.

♪ 聞き取り

🔊 CD 92

1) J'aimais (   ) des livres et des BD.

2) Tu aimais aller (   ) avec tes amis ?

3) Elles n'aimaient pas (   ) la télé.

✎ （　　）内の単語を使って、文を完成させましょう。

1) Petit, j'avais ...., je le promenais tous les jours.

2) Dans son enfance, elle avait ...., elle la brossait de temps en temps.

3) Petit, il avait ...., il lui donnait de la laitue à manger.

4) Mon frère avait ...., il l'aimait beaucoup.

(un hamster, une chatte, un chien, une tortue)

📹 書いてみましょう！　もう一回聞いて、抜けているところを埋めてみましょう。

CD 89

Éric	:	Qu'est-ce que tu as (　　　　　　　) ce week-end ?
Alain	:	Je me suis (　　　　　　　) sur la plage de Suma.
Éric	:	Petit, j' (　　　　　　　) beaucoup aller à la plage. Et toi ?
Alain	:	Moi aussi, j'aimais beaucoup (　　　　　) (　　　　　).
Éric	:	Je (　　　　　) des heures à faire des châteaux de sable.
Alain	:	Oui, c' (　　　　　) sympa, les châteaux de sable !

CD
93

Exercices 音と綴りを覚えましょう。

子音字（4）

1 母音字＋ s ＋ 母音字 s [z]　**maison, saison**

2 s, sc [s]　　　　　　　　**hausse, science**

3 語末の発音しない s　　　**repas, pas**

CD
93

次の単語を聞いて繰り返しましょう！

1) cousin, désert

2) coussin, dessert, scie

3) nous, vous, sans

Conversation 15

CD
94

Éric　　　: Voilà, mon stage est fini.

Miyako : C'était comment ?

Éric　　　: C'était très bien. J'ai appris beaucoup de choses.

Miyako : J'étais très heureuse de faire ta connaissance.

Éric　　　: Moi aussi. On a passé de bons moments ensemble.

Miyako : Oui, c'est vrai. On reste en contact ?

Éric　　　: Bien sûr !

avoir + 名詞を覚えましょう

avoir chaud	⟷	avoir froid
avoir faim	⟷	ne pas avoir faim
avoir mal (à la tête, au dos, aux dents...)	⟷	ne pas avoir mal
avoir soif	⟷	ne pas avoir soif
avoir sommeil	⟷	ne pas avoir sommeil

いくつかの表現を覚えましょう

- acheter quelque chose à manger, acheter quelque chose à boire...
- prendre une bière, un café, un jus de fruit, un sandwich...
- prendre des médicaments, de l'aspirine...
- mettre un pull, une écharpe...
- s'habiller chaudement

Comme / parce que を使ってみましょう

Comme j'avais chaud, j'ai pris une bière.
= J'ai pris une bière **parce que** j'avais chaud.

Comme j'avais froid, je me suis habillé(e) chaudement.
= Je me suis habillé(e) chaudement **parce que** j'avais froid.

CD 96

○○について聞く

🗨 ○○について聞く

Qu'est-ce que tu as pris ?

Qu'est-ce que vous avez fait ?

🗨 質問に答える

Comme j'avais faim, j'ai pris un sandwich.

= J'ai pris un sandwich parce que j'avais faim.

🗨 両方の言い方を使って、隣の学生に○○について聞いたり、言ったりしてみましょう。

✏ 穴埋め（半過去と複合過去 →『京』p.35 参照）

1) Il (　　　　　　) comment, le film ?

1-1)　Il (　　　　　) bien. J' (　　　　　) beaucoup (　　　　). (aimer)

2) Nous (　　　　) (　　　　　) des sandwichs au jambon. (acheter)

2-1)　Ils (　　　　) bons ?

3) Non, ils n' (　　　　) pas très bons.

CD 97

♪ 聞き取り

1) J' (　　　) (　　　　) quelque chose à boire.

2) Tu (　　　) chaud.

3) Il (　　　) froid mais elles ne se (　　　　) pas (　　　) chaudement.

✎ 穴埋め（接続詞 Comme と parce que）

1) (　　　　　　　　　　　) il avait mal à la tête, il a pris de l'aspirine.

2) Nous avons pris un café (　　　　　　　　　　) nous avions sommeil.

♪ 聞き取り

1) (　　　　　　　　) j'avais soif, j'ai (　　　　　) un jus de fruit.

2) Elles ne sont pas (　　　) (　　　　　　　) il ne faisait pas assez chaud.

✎ 次の文を線で結びましょう。

1) Hier, tu es restée au lit　　　・　　・ parce que j'étais très fatiguée.

2) Comme j'avais mal aux dents,　・　　・ elle a mis un chapeau.

3) Hier soir, je me suis couchée tôt　・　　・ je n'ai pas mangé hier.

4) Comme il faisait chaud ce matin, ・　　・ parce que tu avais mal à la tête.

📖 書いてみましょう！　もう一回聞いて、抜けているところを埋めてみましょう。

Éric　　: Voilà, mon stage est (　　　　　　).

Miyako　: C'était (　　　　　) ?

Éric　　: C' (　　　　　) très bien.
　　　　　J'ai appris beaucoup de choses.

Miyako　: J'étais très heureuse de faire (　　　　　) connaissance.

Éric　　: Moi aussi. On a passé de (　　　　　) moments
　　　　　ensemble.

Miyako　: Oui, c'est vrai. On (　　　　　) en contact ?

Éric　　: Bien sûr !

例に倣って複合過去と半過去を使って、二人で話を作ってみましょう。
また、それを暗記して発表しましょう。

CD 99

例：

Éric : Salut, Miyako, alors ton week-end, c'était comment ?

Miyako : C'était super, je me suis beaucoup amusée. Tiens, j'ai acheté un petit souvenir pour toi.

Éric : Merci, c'est très gentil. Moi, comme j'avais mal à la tête, je n'ai pas fait grand chose. Je suis resté à la maison.

Miyako : Ce n'est pas de chance.

Éric : Oui, mais j'ai regardé un film amusant. Tu le connais peut-être : « Femmes au bord de la crise de nerfs »

Miyako : Oui, je l'ai vu. C'était vraiment amusant, ce film. J'aime beaucoup les films d'Almodovar.

Éric : Un jour, on pourrait le regarder ensemble.

Miyako : C'est une bonne idée.

Éric : Miyako : Merci beaucoup.

Propositions de jeux

第 11 課
●代表者を複数人決めて行うゲーム：約 15 分
目標：絵で内容を伝える
文法：代名動詞（現在形）

● Dessiner : environ 15 min.
Objectif : Communiquer par dessins
Objectif grammatical : les verbes pronominaux au présent de l'indicatif

ゲームの流れ
教員が紙に書いた内容（犬と散歩する、歯を磨く、テレビの前で寝る、早く起きる、レストランで髪をとく、手を洗うなど）を学生に引いてもらう。
学生がその内容を、制限時間 1 分で黒板に絵を描く。絵を見て全員で答える。
例：犬と散歩する。答え：男性が犬と散歩している。

Déroulement du jeu
Communiquer par dessin :
Chaque joueur tire à tour de rôle un petit papier sur lequel est indiquée une situation qu'il doit représenter par un dessin au tableau en une minute. Les autres joueurs doivent deviner l'action.

Exemple : se promener avec son chien. Réponse : L'homme se promène avec son chien.

Les situations : 1. se promener avec son chien. / 2. se brosser les dents. / 3. se coucher devant la télé. 4. se lever très tôt. / 5. se coiffer au restaurant. / 6. se laver les mains.

第 12 課
●代表者を決めて行うゲーム：一人約 2 分
目標：過去の話をする
文法：複合過去

● Mimes : environ 2 min par joueur.
Objectif : Parler d'une action passée
Objectif grammatical : le passé composé

ゲームの流れ

学生一人が前に出て、全員の前で過去にしたことをジェスチャーで表現する。

他の学生は何を表わしているか答え、正解の場合は全員同じジェスチャーをする。

Déroulement du jeu

Un premier joueur vient face à la classe. Il mime son action passée. La classe fait des hypothèses sur l'action passée. Continuez ainsi jusqu'au dernier joueur.

Exemples :

1. Hier, elle a fait du ski.　昨日彼女はスキーをした。
2. Hier, il a étudié.　昨日彼は勉強した。
3. Hier, il a beaucoup lu.　昨日彼はたくさんの本を読んだ。
4. Hier, elle a écouté de la musique.　昨日彼女は音楽を聴いた。
5. Hier, elle a dormi 12 heures.　昨日彼女は 12 時間寝た。
6. Hier, il a marché cinq heures.　昨日彼は 5 時間歩いた。

第 13 課

●代表者を決めて行うゲーム：一人約 2 分 | ● Mimes : environ 2 min par joueur.
目標：過去の話をする | Objectif : Parler d'une action passée
文法：代名動詞（複合過去） | Objectif grammatical : le passé composé des verbes pronominaux. On peut utiliser les verbes de la leçon 11

ゲームの流れ

学生一人が前に出て、全員の前で過去にしたことをジェスチャーで表現する。

他の学生は何を表わしているか答え、正解の場合は全員同じジェスチャーをする。

Déroulement du jeu

Un premier joueur vient face à la classe. Il mime son action passée. La classe fait des hypothèses sur l'action passée. Continuez ainsi jusqu'au dernier joueur.

第 14 課

●クラス全体で行うゲーム：約 20 分 | ● Ma vie antérieure : environ 20 min.
目標：人を描写する | Objectif : Décrire une personne
文法：半過去 | Objectif grammatical : l'imparfait

ゲームの流れ

全員が前世で有名な人だったという設定で、短い文章を書いて、読む。全員で当てる。

例：ピラミッドがある暑い国に住んでいた。私は誰だった？（クレオパトラ）

Déroulement du jeu

Demander aux joueurs d'imaginer qu'ils étaient une personne célèbre dans une vie antérieure. Chaque joueur écrit un petit texte et ensuite lit son texte. Les autres joueurs essaient de deviner qui est le personnage présenté.

Exemple : J'habitais dans un pays chaud avec des pyramides. J'étais qui ? (Cléopâtre).

第 15 課

●クラス全体で行うゲーム：約 10 分 | ● Vrai ou faux : variable
目標：話をする | Objectif : Raconter une histoire
文法：複合過去と半過去を使う | Objectif grammatical : l'alternance imparfait-passé composé

ゲームの流れ

教員が変わった体験を話す。学生たちはその話が本当か嘘か当てる。

例：子供の時、ニューカレドニアに遊びに行った。
レストランに行き、食べた事のない物を注文した。
ウエートレスがミミズを持って来た。

Déroulement du jeu

L'enseignant raconte une histoire insolite. La classe devine si c'est une histoire vraie ou une histoire inventée.

Exemple : Quand j'étais petite, je suis partie en vacances en Nouvelle-Calédonie. Je suis allée au restaurant. J'ai commandé un plat que je ne connaissais pas. La serveuse est revenue avec un ver dans une assiette.

Liste de vocabulaire　単語集

※数詞については、p.11・p.15・p.19・p.23 を参照のこと

Leçon 0

A　accident（名・男）事故
　addition（名・女）足し算、勘定
　affiche（名・女）はり紙、ポスター
　allumer（動）火をつける、点火する
　ami（名・男）友達
　Anaïs（固有名・女）アナイス
　antenne（名・女）アンテナ
　appareil photo（名・男）カメラ
　attention（名・女）注意
B　bonjour こんにちは、おはようございます
C　comment（副）どのように、どんな風に
D　demain（副）明日、あす
E　élément（名・男）成分、部品
　élève（名・男）生徒
　en（前）［手段・方法を表して］〜で
F　fa（名・男）ファ、ヘ音
　fête（名・女）祝日、祭日、パーティー
　flûte（名・女）フルート、笛
　français（名・男）フランス語
G　garçon（名・男）男の子、少年
　gâteau（名・男）お菓子、ケーキ
H　homme（名・男）人間、人、男
　hôtel（名・男）ホテル、旅館
I　île（名・女）島
J　japonais（名・男）日本語
K　koala（名・男）コアラ
L　lune（名・女）月
M　mer（名・女）海
N　nature（名・女）自然
　Noël（名・男）クリスマス
O　orage（名・男）雷
　où（副）どこへ、どこに
P　pâle（形）青白い、血の気のない
Q　que（接続詞）
R　rendez-vous（名・男）会う約束、会合
S　sol（名・男）地面
T　tasse（名・女）紅茶茶碗［コーヒーカップ］
　tard（副）遅く、のちに

　terre（名・女）地面、大地
　toboggan（名・男）滑り台
U　université（名・女）大学
V　voilà（副）そこに…がある、それが…である
　voile（名・女）帆
W　wagon（名・男）車両
X　xylophone（名・男）木琴、シロホン
Y　yaourt（名・男）ヨーグルト
Z　zèbre（名・男）シマウマ

Leçon 1

A　acteur（名・男）俳優
　actrice（名・女）女優
　aller（à）（動）…に行く
　ami（名・男）友達
　âne（名・男）ロバ
　s'appeler（代名動）…という名前である
　avec（前）〜と一緒に
B　bière（名・女）ビール
　bonjour　こんにちは、おはようございます
　brioche（名・女）ブリオッシュ
C　ceci（代名）これ
　cela（代名）それ、あれ、これ
　cette（指示形）（ce の女性形）この、その、あの
　chanteur（名・男）歌手
　chanteuse（名・女）歌手
　chercheur（名・男）研究者
　chercheuse（名・女）研究者
　chez（前）…の家に、…店で
　clé（名・女）鍵
　comment（副）どのように、どんな風に
　commerce（名・女）商業
　compositeur（名・男）作曲家
　compositrice（名・女）作曲家
　cycle（名・男）周期、サイクル
D　dans（前）…の中で（に）
E　école（名・女）学校　　cf. école de commerce ビジネススクール

employé(e)s（名）従業員、サラリーマン

enchanté（形）はじめまして

entreprise（名・女）会社

et（接）〜と、そして

être（動）〜である、〜がある［英語の be 動詞に相当］

étudiant(e)(s)（名）学生

faire（動）する

femme d'affaires（名・女）実業家

fête（名・女）祝日、祭日、パーティー

homme d'affaires（名・男）実業家

ici（副）ここに、ここで

île（名・女）島

ingénieur(s)（名）技師、技術者、エンジニア

instituteur（名・男）学校教師

institutrice（名・女）学校教師

journaliste(s)（名）ジャーナリスト

livre（名・男）本

Madame（名・女）...夫人、奥様、...さん

médecin（名・男）医者

mère（名・女）お母さん

moi（代名）私

oui（副）はい、ええ

pâte（名・女）生地

patte（名・女）動物の脚

professeur(s)（名）教師、先生

si（副）もし...なら、いいえ、とても

table（名・女）テーブル、机

tête（名・女）頭

toi（代名）きみ

vendeur（名・男）店員、販売人

vendeuse（名・女）店員、販売人

venir（動）来る

voilà（副）そこに...がある、それが...である

Leçon 2

à demain また明日

aller (à)（動）...に行く

à plus tard（副）また後で

au revoir ではまた、さよなら

bien（副）とても、非常に、良く

bon（形）よい

bonjour こんにちは、おはようございます

bureau（名・男）オフィス

ça va 元気です

cheval（名・男）馬

comment（副）どのように、どんな風に

d'accord 同意して

de（前）［場所を表して］〜から

dessin（名・男）素描、デッサン、絵

cf. dessin animé　アニメ

et（接）〜と、そして

fantôme（名・男）お化け

hôtel（名・男）ホテル、旅館

lot（名・男）分け前

Madame（名・女）...夫人、奥様、...さん

merci（名・男）ありがとう、ありがとうございます

Monsieur（名・男）...氏、...様、...さん

mur（名・男）壁

mûr（形）熟した

pommette（名・女）頬骨

pur（形）純粋な

revue（名・女）雑誌

salut やあ、じゃあまた

sot（形）ばかげた

sûr（形）確信した

tel（形）そのような

toi（代名）きみ

tôt（副）早く、早めに

venir（動）来る

voilà（副）そこに...がある、それが...である

votre（形）あなたの

vous（代名）あなた、あなた方、君たち

Leçon 3

africain(e)(s)（名）アフリカ人

alors（副）その時、そのころ

américain(e)(s)（名）アメリカ人

anglais（名・男）英語

anglais(e)(s)（名）イギリス人

s'appeler（代名動）...という名前である

auberge（名・女）宿屋、旅館

aussi（副）同じく、...もまた

71

australien(ne)(s)（名）オーストラリア人
auvent（名・男）ひさし、雨よけ、風よけ

B belge(s)（名）ベルギー人
bon（間）よし、それでは
bonjour こんにちは、おはようございます
bonne journée いい1日を
bureau（名・男）オフィス

C cette（指示形）（ce の女性形）この、その、あの
chinois(e)(s)（名）中国人
coréen(ne)(s)（名）韓国人

D dans（前）...の中で（に）

E eau（名・女）水
encore（副）まだ、なお
entreprise（名・女）会社
en（前）[手段・方法を表して] ～で
être（動）～である、～がある［英語の be 動詞に相当］
être en stage 研修中である

F finlandais(e)(s)（名）フィンランド人
français（名・男）フランス語
français(e)(s)（名）フランス人

H haut（形）高い

I italien(ne)(s)（名）イタリア人

J japonais（名・男）日本語
japonais(e)(s)（名）日本人

L laine（名・女）羊毛、ウール
lait（名・男）乳、ミルク

M marocain(e)(s)（名）モロッコ人
merci ありがとう、ありがとうございます
moi（代名）私

O or（接）さて、ところで

P Paul（固有名・男）ポール
parler（動）話す
peine（名・女）苦痛

R russe(s)（名）ロシア人

S stage（名・男）実習、研修
sort（名・男）運命、運
suisse(s)（名）スイス人

T thaïlandais(s)（名）タイ人
toi（代名）きみ
treize（形）13

U un peu（副）少し、ちょっと

Leçon 4

A âge（名・男）年
Allemagne（国名・女）ドイツ
an(s)（名・男）歳、年
aujourd'hui（副）今日、本日
Australie（国名・女）オーストラリア
avoir（動）～を持つ、～を持っている

B Bahamas（国名・複）バハマ
Belgique（国名・女）ベルギー
beurre（名・男）バター
bon anniversaire お誕生日おめでとうございます
bonjour こんにちは、おはようございます
bougie（名・女）ろうそく

C Camboge（国名・男）カンボジア
Canada（国名・男）カナダ
ça va 元気です
Corée（国名・女）韓国
cou（名・男）首

D d'accord（名・男）同意して

E ensemble（副）一緒に、ともに
Emirats Arabes Unis（国名・複）アラブ首長国連邦
Espagne（国名・女）スペイン
États-Unis（国名・複）アメリカ

F faire（動）する
fête（名・女）祝日、祭日、パーティー
français（名・男）フランス人
France（国名・女）フランス

H habile（形）器用な
habiter（à）（あるいは en）（動）（...に）住む
heure（名・女）時、時間
homme（名・男）人間、人、男
hôtel（名・男）ホテル、旅館
hôpital（名・男）病院
horloge（名・女）時計、大時計

I Italie（国名・女）イタリア

J Japon（国名・男）日本

L loup（名・男）オオカミ
lueur（名・女）ほのかな光、ひらめき

M merci ありがとう、ありがとうございます
Mexique（国名・男）メキシコ

N non（副）　いいえ、いや
O où（副）どこへ、どこに
oubli（名・男）忘れること
oui（副）はい、ええ
P Paris（固有名・男）パリ
peur（名・女）恐怖、おびえ
Q quel（形）どんな、どの
S sœur（名・女）姉妹、姉、妹
soir（名・男）夕方、夕暮れ
T Thaïlande（国名・女）タイ王国
V venir（動）来る
vous（代名）あなた、あなた方、君たち

Leçon 5+まとめ

A aimer（動）〜を好む
ami（名・男）友達
anglais（名・男）英語
australien（名・男）オーストラリア人
avec（前）...と一緒に
B beaucoup（副）大変、大いに、非常に
besoin（名・男）必要
bien（副）とても、非常に、良く
bière（名・女）ビール
bon（形）よい
bonsoir（名・男）こんばんは
bouteille（名・女）瓶
C cadeau（名・男）プレゼント
café（名・男）コーヒー
chanson（名・女）歌
chien（名・男）犬
chinois（形）中国の
chocolat(s)（名・男）チョコレート
cinéma（名・男）映画、映画館
coin（名・男）角
E eau（名・女）水
entrer（動）入る
être（動）〜である、〜がある［英語の be 動詞に相当］
F film(s)（名・男）映画
fruit(s)（名・男）果物
G gâteau(x)（名・男）お菓子、ケーキ
glace（名・女）アイスクリーム
H habiter（à）（...に）住む

haie（名・女）生け垣
hamster（名・男）ハムスター
haricot（名・男）インゲン
harpe（名・女）ハープ
haut（形）高い
historique（形）歴史的な
I impossible（形）不可能な
intéressant（形）面白い
L loin（副）遠くに
lui（代名）彼
M merci　ありがとう、ありがとうございます
merci beaucoup　ありがとうございます
moins（副）より少なく
musique（名・女）音楽
O orange（名・女）オランジュ
oui（副）はい、ええ
P pain（名・男）パン
point（名・男）点、小さな印
Q quartier（名・男）地区、街
R roman(s)（名・男）小説
rouge（形）赤
S soin（名・男）入念さ、注意
surtout（副）特に
T thé（名・男）紅茶、茶
théâtre（名・男）劇場
train（名・男）電車
U université（名・女）大学
V ville（名・女）町
vin（名・男）ワイン

Leçon 6

A aller（à）（動）（...に）行く
aussi（副）同じく、...もまた
B banc（名・男）ベンチ
bibliothèque（名・女）図書館
brun（形）焦げ茶色の
C café（名・男）コーヒー
camp（名・男）野営、基地
campus（名・男）キャンパス
cinéma（名・男）映画、映画館
comment（副）どのように、どんな風に
commun（形）共通の
compas（名・男）コンパス

complet（形）完全な

D
d'accord（名・男）同意して
déjeuner（動）昼食をとる
demie（形）...半

E
ensemble（副）一緒に、ともに
entreprise（名・女）会社
États-Unis（国名・複）アメリカ
et（接）～と、そして
être（動）～である、～がある［英語の be 動詞に相当］

F
France（国名・女）フランス

H
habiter (à)（動）（...に）住む
heure（名・女）時、時間
hôpital（名・男）病院
hôtel（名・男）ホテル、旅館

J
Japon（名・男）日本

L
lent（形）遅い
lundi（名・男）月曜日

M
maison（名・女）家
midi（名・男）正午
minuit（名・男）真夜中
moi（代名）私
moins（前）...分前
moins le quart　15 分前

O
on y va　さあ行こう
où（副）どこへ、どこに

P
parfum（名・男）香り
pont（名・男）橋
presque（副）ほとんど

Q
quel(le)（形）どんな、どの

R
restaurant（名・男）レストラン

S
sans（前）なしに
son（指示形）彼の、彼女の

T
temps（名・男）時間
toi（代名）きみ
toilettes（名・複）トイレ

V
vent（名・男）風

Leçon 7

A
aujourd'hui（副）今日、本日
avoir（動）～を持つ、～を持っている

B
bien（副）とても、非常に、良く
bonsoir（名・男）こんばんは

C
café（名・男）コーヒー
chez（前）...の家に、...の店で
ciel（名・男）空
collégien(ne)（名）コレージュの生徒

D
dans（前）...の中に、...の中で
depuis（前）...から、...以来
Dijon（固有名）ディジョン

E
emploi（名・男）使うこと、使用、職
ennui（名・男）心配、不安、困ったこと
entreprise（名・女）会社
et（接）～と、そして
étudiant(e)（名）学生

F
faire（動）する
fille（名・女）娘
fils（名・男）息子
frère（名・男）兄弟、兄、弟
frères et sœurs（名・複）兄弟姉妹

G
gâteau(x)（名・男）お菓子、ケーキ
grand(e)（形）大きい、背が高い
grand-mère（名・女）祖母
grands-parents（名・複）祖父母
grand-père（名・男）祖父

H
habiter (à)（動）（...に）住む
hier（副）きのう
huit（形）8

I
ingénieur（名）技師、技術者、エンジニア

L
lion（名・男）ライオン
loi（名・女）法、法律
lui（代名）彼
lycéen(ne)（名）高校生
Lyon（固有名）リヨン

M
maison（名・女）家
médecin（名・男）医者
mère（名・女）お母さん
moi（代名）私

N
n'est-ce pas?　...でしょう、...だよね

O
oui（副）はい

P
parents（名・複）両親
père（名・男）お父さん
petit(e)（形）小さい

R
retraite（名・男）引退、退職

S
stage（名・男）実習、研修
sœur（名・女）姉妹、姉、妹

T toi（代名）きみ
travail（名・男）仕事
U unique（形）唯一の

Leçon 8

A ail（名・男）ニンニク
aimer（動）〜を好む
aller (à)（動）（…に）行く
ami(s)（名）友達
appartement（名・男）アパルトマン
après-midi（名・男）午後
avec（前）…と一緒に
B bataille（名・女）戦い、争い
bibliothèque（名・女）図書館
bon（形）よい
bonjour　こんにちは、おはようございます
C ça va　元気です
chez（前）…の家に、…店で
cinéma（名・男）映画、映画館
E écouter（動）聞く
enfant（名・男）子供
et（接）〜と、そして
été（名・男）夏
étudier（動）勉強する
être（動）〜である、〜がある［英語の be 動
詞に相当］
F faire（動）する
faire beau（動・形）晴れ
faire gris（動・形）うっとうしい天気、曇り
faire mauvais（動・形）天気が悪い
faire soleil（動・形）天気がよい
famille（名・女）家族
fille（名・女）娘
film（名・男）映画
français（名・男）フランス語
France（国名・女）フランス
G garçon（名・男）男の子、少年
gâteau(x)（名・男）お菓子、ケーキ
H habiter (à)（動）（…に）住む
I Italie（国名・女）イタリア
J Japon（国名・男）日本
jouer（動）遊ぶ
L lire（動）読む

M livre（名・男）本
maison（名・女）家
Marseille（固有名）マルセイユ
matin（名・男）朝
moi（代名）私
musique（名・女）音楽
N neiger（動）雪が降る
nous（代名）私たち
P paille（名・女）わら
parents（名・複）両親
Patrice Leconte（固有名）パトリス・ル
コント
piano（名・男）ピアノ
pleuvoir（動）雨が降る
prendre（動）取る、つかむ、得る
puis（副）〜と、そして
Q quel(le)（形）どんな、どの
R regarder（動）見る
rencontrer（動）会う
rentrer（動）帰る
rester（動）とどまる、居残る
réveil（名・男）目覚め、起床
S soir（名・男）晩
soleil（名・男）太陽
sommeil（名・男）眠り、睡眠
stage（名・男）実習、研修
T télé（名・女）テレビ
téléphoner（動）電話する
temps（名・男）天気
toi（代名）きみ
train（名・男）電車
travail（名・男）仕事
V vanille（名・女）バニラ
venir（動）来る
voir（動）見る
voyager（動）旅をする

Leçon 9

A acheter（動）買う
aimer（動）〜を好む
andouille（名・女）アンドウイユ
aussi（副）（〜que）と同じくらい…だ
Auteuil（固有名）オートウイユ

B bien（副）とても、非常に、良く
blanc(s)（形）白い
blanche(s)（形）白い
bleu(s)（形）青い
bleue(s)（形）青い
bonjour こんにちは、おはようございます
bottes（名・女・複）長靴、ブーツ
C chaussures（名・女・複）靴
chemise（名・女）シャツ
cher(s)（形）高い
chère(s)（形）高い
confortable(s)（形）快適な
couleur（名・女）色
court(s)（形）短い
courte(s)（形）短い
E élégant(s)（形）上品な、おしゃれな
élégante(s)（形）上品な、おしゃれな
entreprise（名・女）会社
être（動）〜である、〜がある [英語の be 動詞に相当]
F fauteuil（名・男）長椅子
fenouil（名・男）ウイキョウ、フェンネル
feuille（名・女）葉、紙
feuilleton（名・男）連続ドラマ
G grenouille（名・女）カエル
gris（形）灰色の
grise(s)（形）灰色の
I impérmeable（名・男）レインコート
J jaune(s)（形）黄色い
jupe（名・女）スカート
joli(s)（形）きれいな
jolie(s)（形）きれいな
L long(s)（形）長い
longue(s)（形）長い
M magasin（名・男）店
manteau(x)（名・男）コート
merci ありがとう、ありがとうございます
moins（副）(que〜) より少なく...、
(que〜) ほど...ない
monsieur（名・男）...氏、...様、...さん
N noir(s)（形）黒い
noire(s)（形）黒い
nouille（名・女）ヌイユ、ヌードル

O oui（副）はい、ええ
P pantalon（名・男）長ズボン
plaisanter（動）冗談を言う
plus（副）(que〜) より多く...、(que〜) よりもっと...
porter（動）着る
pull（名・男）セーター
Q quelle（形）どんな、どの
R robe（名・女）ドレス
S savoir（動）知る
sœur（名・女）姉妹、姉、妹
souvent（副）しばしば、よく
T t-shirt（名・男）Tシャツ
V venir（動）来る
vert(s)（形）緑色の
verte(s)（形）緑色の
veste（名・女）上着、ジャケット
vêtements（名・女・複）服
violet(s)（形）紫色の
violette(s)（形）紫色の

Leçon 10＋まとめ

A aimable(s)（形）愛想のいい、親切な
aimer（動）〜を好む
aller (à)（動）(...に) 行く
alors（副）その時、そのころ
ami(e)(s)（名）友達
amusant(s)（形）面白い
amusante(s)（形）面白い
s'appeler（代名動）...という名前である
aujourd'hui（副）今日、本日
aussi（副）同じく、...もまた
avec（前）...と一緒に
B bavard(s)（形）おしゃべりな
bavarde(s)（形）おしゃべりな
beau(x)（形）美しい
beaucoup（副）大変、大いに、非常に
belle(s)（形）美しい
bibliothèque（名・女）図書館
bien（副）とても、非常に、良く
bien sûr（副）もちろん
bonjour こんにちは、おはようございます
C chez（前）...の家に、...の店で

chocolat（名・男）チョコレート
collégienne（名・女）コレージュの生徒
comment（副）どのように、どんな風に
connaître（動）知る

D dans（前）…の中に、…の中で
discuter（動）話す

E elle（代名）彼女
être（動）〜である、〜がある［英語の be 動詞に相当］

F famille（名・女）家族
fille（名・女）娘
film（名・男）映画
frère（名・男）兄弟、兄、弟
fusil（名・男）銃

G gentil(s)（形）親切な、優しい
gentille(s)（形）親切な、優しい
glace（名・女）アイスクリーム
grand(s)（形）大きい、背が高い
grande(s)（形）大きい、背が高い
grands-parents（名・複）祖父母
gros（形）太い
grosse(s)（形）太い

H habiter (à)（動）（…に）住む

I ingénieur（名）技師、技術者、エンジニア
intelligent(s)（形）賢い
intelligente(s)（形）賢い
internat（名・男）寮

J jeune(s)（形）若い
joli(s)（形）きれいな
jolie(s)（形）きれいな

L là-bas（副）あそこ
lui（代名）彼

M médecin（名・男）医者
merci beaucoup　ありがとう、ありがとうございます
mère（名・女）お母さん
mille（形）1000 の
mince(s)（形）細い
moi（代名）私

O oui（副）はい、ええ
outil（名・男）道具

P parents（名・複）両親
passer du temps（動）時間を過ごす

père（名・男）お父さん
petit(e)（形）小さい
presenter（動）紹介する
printemps（名・男）春
profiter（動）利用する

Q Quebéc（固有名・男）ケベック

S seul(e)（形）一人の、ただ一つの
sœur（名・女）姉妹、姉、妹
sourcil（名・男）眉
souriant(s)（形）にこやかな
souriante(s)（形）にこやかな
sympa(s)（形）感じのよい、気分のいい

T timide(s)（形）内気な
toujours（副）いつも
tranquille（形）静かな
tranquilité（名・女）静けさ
très（副）非常に、とても
trouver（動）思う

V vacances（名・複）休暇
vieille(s)（形）年取った
vieux（形）年取った
ville（名・女）町
vrai（形）真の、正しい
vraiment（副）本当に

Leçon 11

A action（名・女）行動、活動
agneau（名・男）子羊
aimer（動）〜を好む
août（名・男）8 月
s'appeler（代名動）…という名前である
s'asseoir（代名動）座る
aujourd'hui（副）今日、本日
automne（名・男）秋
avec（前）…と一緒に
aviation（名・女）航空
avril（名・男）4 月

B banc（名・男）ベンチ

C campagne（名・女）田舎
se coiffer（動）髪をとく
comment（副）どのように、どんな風に
se coucher（動）寝る
crêpe（名・女）クレープ

cygne（名・男）白鳥

D décembre（名・男）12月

dimanche（名・男）日曜日

E en（前）〜を通じて、〜で

été（名・男）夏

être（動）〜である、〜がある［英語の be 動詞に相当］

F février（名・男）2月

H hiver（名・男）冬

I il y a（動）（非人称）〜がある、〜がいる

Institut français（名・男）アンスティチュ・フランセ

J janvier（名・男）1月

jeudi（名・男）木曜日

je vous en prie　どういたしまして、どうぞ

jour（名・男）日、曜日

juillet（名・男）7月

juin（名・男）6月

L se laver（代名動）体を洗う

se lever（代名動）起きる

libre（形）自由な

location（名・女）レンタル

lundi（名・男）月曜日

M mai（名・男）5月

manger（動）食べる

se maquiller（代名動）化粧をする

marché（名・男）市場

mardi（名・男）火曜日

mars（名・男）3月

mathématique（形）数学の

mercredi（名・男）水曜日

mois（名・男）月

montagne（名・女）山

N novembre（名・男）11月

O octobre（名・男）10月

oui（副）はい、ええ

P plaisir（名・男）喜び　*cf.* avec plaisir　喜んで

printemps（名・男）春

se promener（代名動）散歩する

Q quel（形）どんな、どの、何

quelle（形）どんな、どの、何

R se raser（代名動）ひげを剃る

S saison（名・女）季節

samedi（名・男）土曜日

septembre（名・男）9月

soir（名・男）夜、晩

station（名・女）駅、乗り場

sur（前）...の上に

T tard（副）遅く、のちに

thé（名・男）紅茶、茶

théâtre（名・男）劇場

théière（名・女）ティーポット、急須

tôt（副）早く、早めに

V vendredi（名・男）金曜日

vouloir（動）〜したい

Leçon 12

A adresse（名・女）住所

aller（à）（動）（...に）行く

ami(s)（名）友達

archaïque（形）古風な

arriver（動）着く

avec（前）〜と一緒に

avion（名・男）飛行機

avoir（動）〜を持つ、〜を持っている

avoir envie de（動）〜したい

B bibliothèque（名・女）図書館

boire（動）飲む

bon（形）よい

C cadeau（名・男）プレゼント

chambre（名・女）部屋、寝室

chou（名・男）キャベツ

D déjà（副）すでに、もう

dimanche（名・男）日曜日

donner（動）与える、あげる

dormir（動）寝る

E écrire（動）書く

en（前）...へ、...に

encore（副）まだ

envoyer（動）送る

être（動）〜である、〜がある［英語の be 動詞に相当］

étudier（動）勉強する

F faire（動）する

fille（名・女）娘

français（名・男）フランス語
France（固有名・女）フランス

H
habiter (à)（動）...に住む
hier（副）きのう

I
ici（副）ここに、ここで
Institut（固有名）学院

J
Japon（国名・男）日本
japonaise（名・女）日本人
joue（名・女）頬
journal（名・男）新聞、日記
journée（名・女）一日

L
livre（名・男）本

M
mail（名・男）メール
maison（名・女）家
manger（動）食べる
marché（名・男）市場
mont（名・男）...山
monter（動）登る

N
numéro de téléphone（名・男）電話番号

O
orchestre（名・男）オーケストラ
orchidée（名・女）ラン
oui（副）はい、ええ

P
parler（動）話す
partir（動）出発する
passer（動）過ごす
perdre（動）失う、無駄にする
perdre du temps　時間を無駄にする
prendre（動）取る、つかむ、得る

R
rencontrer（動）会う
rentrer（動）帰る
restaurant（名・男）レストラン
revoir（動）再会する

S
seul(e)（形）一人
shampooing（名・男）シャンプー
soir（名・男）夜、晩
sortir（動）出かける

T
tard（副）遅く、のちに
technique（名・女）技術
téléphone（名・男）電話
téléphoner（動）電話する
temps（名・男）時間、天候

U
université（名・女）大学

V
vacances（名・複）休暇、ヴァカンス

venir（動）来る
voir（動）会う
voyage（名・男）旅、旅行

W
week-end（名・男）週末

Leçon 13

A
aller (à)（動）(...に) 行く
alors　それでは
amoureuse(s)（形）愛した、ほれた、好きな
amoureux（形）愛した、ほれた、好きな
s'amuser（代名動）遊ぶ、楽しむ
aujourd'hui（副）今日、本日
aussi（副）同じく、...もまた

B
beaucoup（副）大変、大いに、非常に
bien（副）とても、非常に、良く
bon（間）では、それでは
bonne nuit　おやすみなさい

C
ça（代名）それ、あれ、これ
cabas（名・男）かご
carte（名・女）地図
ça va　元気です
ce（代名）それ、この、その
ceci（代名）これ
cela（代名）それ、あれ、これ
cerise（名・女）サクランボ
se coiffer（代名動）髪をとく
content(s)（形）嬉しい
contente(s)（形）嬉しい
contre（前）...に反して
curieux（形）見たがる、知りたがる

D
se dépêcher（動）急ぐ
se déshabiller（動）服を脱ぐ

E
en（前）...へ、...に
ennuyé(s)（形）困った、心配した
ennuyé(e)s（形）困った、心配した
s'ennuyer（動）退屈する、うんざりする
et（接）〜と、そして
être（動）〜である、〜がある［英語の be 動詞に相当］
examen（名・男）試験

F
fatigué(s)（形）疲れた
fatigué(e)s（形）疲れた

79

français(e)(s)（名）フランス人
France（国名・女）フランス
François（固有名）フランソワ
G garçon（名・男）男の子、少年
H s'habiller（動）服を着る
heureuse(s)（形）幸せな
heureux（形）幸せな
hier soir　きのうの夜
J jamais（ne とともに）決して...ない
joyeuse(s)（形）うれしい、楽しい、陽気な
joyeux（形）うれしい、楽しい、陽気な
L se lever（代名動）起きる
longtemps（副）長い間
M mais（接）しかし
maison（名・女）家
malheureuse(s)（形）不幸な
malheureux（形）不幸な
matin（名・男）朝
moi（代名）私
N non（副）いいえ、いや
O oui（副）はい、ええ
P se perdre（動）迷子になる
se promener（代名動）散歩する
Q quand（副）いつ
quatre（形）4
que（接続詞）
qui（代名）誰
R se raser（代名動）ひげを剃る
rater（動）しくじる、損なう
se rencontrer（代名動）出会う
rentrer（動）帰る
réussir（動）成功する
S soir（名・男）夜、晩
surpris（形）驚いた
surprise(s)（形）驚いた
T tard（副）遅く、のちに
toi（代名）きみ
tôt（副）早く、早めに

Leçon 14

A âge（名・男）年
aigu（形）鋭い
aimer（動）〜を好む

aller (à)（動）（... に）行く
ami(s)（名）友達
s'amuser（代名動）遊ぶ、楽しむ
aussi（副）同じく、...もまた
avec（前）〜と一緒に
avoir（動）〜を持つ、〜を持っている
B se baigner（代名動）泳ぐ、風呂に入る
BD（名・女）漫画
beaucoup（副）大変、大いに、非常に
brosser（動）ブラシをかける
C château(x)（名・男）お城
chatte（名・女）猫
chien（名・男）犬
se coiffer（代名動）髪をとく
comment（副）どのように、どんな風に
construire（動）作る、建てる
D dans（前）...の中で、...の中に
donner（動）あげる
E enfance（名・女）子供時代
enfant（名）子供時代
et（接）〜と、そして
États-Unis（国名・複）アメリカ
être（動）〜である・〜がある［英語の be 動詞に相当］
F faire（動）する
frère（名・男）兄弟、兄、弟
G garage（名・男）ガレージ
gare（名・女）駅
geai（名・男）カケス（鳥の一種）
géant（名）巨人
géographie（名・女）地理
geste（名・男）身振り、しぐさ
gibier（名・男）獲物、鳥獣
gingembre（名・男）ショウガ
golf（名・男）ゴルフ
gomme（名・女）消しゴム
guerre（名・女）戦争
guide（名）ガイド、案内人
guirlande（名・女）花飾り、紙飾り
Guy（固有名）ギー
gymnastique（名・女）体操
H habiter (à)（動）（... に）住む
hamster（名・男）ハムスター

heure （名・女）時、時間

J Japon （国名・男）日本

jouer （動）遊ぶ、ゲームをする

L laitue （名・女）レタス

langue （名・女）言葉、舌

largeur （名・女）幅、横

lire （動）読む

livre(s) （名・男）本

M maison （名・女）家

manger （動）食べる

moi （代名）私

musée （名・男）美術館、博物館

O oui （副）はい、ええ

P passer （動）過ごす

passer du temps　時間を過ごす

petit(e) （形）小さい、幼い

pigeon （名・男）鳩

plage （名・女）浜、海岸、海水浴場

plongeur （名・男）潜る人

se promener （代名動）散歩する

poupée （名・女）人形

R regarder （動）見る

S sable （名・男）砂

seul(e) （形）ただ一つの、一人の

souvent （副）しばしば、たびたび

sur （前）...の上に

sympa （形）感じのよい、気分のいい

T télé （名・女）テレビ

(de) temps en temps （名・男）時々

timide （形）内気な

toi （代名）きみ

tortue （名・女）亀

tous les jours　毎日

tout （不定形）...全体、...のすべて

très （副）非常に、とても

V vivre （動）生きる

W week-end （名・男）週末

Leçon 15+まとめ

A acheter （動）買う

acheter quelque chose　何かを買う

aimer （動）〜を好む

Almodovar (Pedro) （固有名）アルモド

ーバル（ペドロ）

alors （副）ところで

amusant （形）おもしろい、楽しい

s'amuser （代名動）遊ぶ、楽しむ

apprendre （動）習う

aspirine （名・女）アスピリン

assez （副）十分に、かなり

aussi （副）同じく、...もまた

B beaucoup （副）大変、大いに、非常に

cf. beaucoup de choses　たくさんのこと

bien （副）とても、非常に、良く

bien sûr （副）もちろん

bière （名・女）ビール

boire （動）飲む

bon （形）よい

bonne （形）よい

C café （名・男）コーヒー

ce n'est pas de chance　残念

chance （名・女）運

chapeau （名・男）帽子

chaud （形）暑い、熱い、暖かい

chaudement （副）暖かく

chose(s) （名・女）もの

comme （副）...のように

comment （副）どのように、どんな風に

connaissance （名・女）知り合い

connaître （動）知る

contact （名・男）接触、連絡

se coucher （動）寝る

cousin （名・男）従兄弟

coussin （名・男）クッション

D dent(s) （名・女）歯

désert （名・男）砂漠

dessert （名・男）デザート

dos （名・男）背中

E écharpe （名・女）スカーフ

ensemble （副）一緒に、ともに

F faim （名・女）空腹

faire （動）する

faire chaud （動・形）暑い

fatigué(e) （形）疲れた

film （名・男）映画

finir （動）終わる、終える

froid（形）冷たい、寒い
G gentil（形）優しい
grand chose（名・女）大したものではありません
H s'habiller（代名動）服を着る
hausse（名・女）上昇
heureuse（形）幸せ
hier（副）きのう
I idée（名・女）考え、アイディア
J jambon（名・男）ハム
jour（名・男）日にち、一日
jus de fruit（名・男）ジュース、果汁
L lit（名・男）ベット
M mais（接）しかし、でも
maison（名・女）家
mal（副）悪い
mal aux dents, à la tête　歯が痛い、頭が痛い
manger（動）食べる
matin（名・男）朝
médicament(s)（名・男）薬
merci ありがとう、ありがとうございます
merci beaucoup ありがとう、ありがとうございます
mettre（動）着る、置く
moi（代名）私
moment（名・男）一瞬、瞬間
N nous（代名）私たち
P parce que（接）なぜなら
pas（名・男）一歩
passer（動）過ごす
petit（形）小さい
peut-être（副）たぶん、おそらく
pour（前）...のために
pouvoir（動）できる
prendre（動）取る、つかむ、得る
pull（名・男）セーター
Q quelque chose（代）何か、ある物（こと）
R regarder（動）見る
repas（名・男）食事
rester（動）とどまる、居残る
S saison（名・女）季節
salut　やあ、じゃあまた

sandwich（名・男）サンドイッチ
sans（前）なしに
scie（名・女）のこぎり
science（名・女）科学
soif（名・女）（喉の）渇き
soir（名・男）夜、晩
sommeil（名・男）眠り、睡眠
souvenir（名・男）お土産
stage（名・男）実習、研修
super（形）すごい、素晴らしい
T tête（名・女）頭
tiens（間）おや、へえ、まあ
toi（代名）きみ
très（副）非常に、とても
V voilà（副）そこに...がある、それが...である
venir（動）来る
voir（動）見る
vous（代名）あなた、あなたたち
vrai（形）真の、正しい
vraiment（副）本当に
W week-end（名・男）週末

動 詞 変 化 表

I. aimer
II. arriver

III. être aimé(e)(s)
IV. se lever

1. avoir
2. être
3. parler
4. placer
5. manger
6. acheter
7. appeler
8. préférer
9. employer
10. envoyer
11. aller
12. finir
13. sortir
14. courir
15. fuir
16. mourir

17. venir
18. offrir
19. descendre
20. mettre
21. battre
22. suivre
23. vivre
24. écrire
25. connaître
26. naître
27. conduire
28. suffire
29. lire
30. plaire
31. dire
32. faire

33. rire
34. croire
35. craindre
36. prendre
37. boire
38. voir
39. asseoir
40. recevoir
41. devoir
42. pouvoir
43. vouloir
44. savoir
45. valoir
46. falloir
47. pleuvoir

不定形・分詞形	直　　説　　法		

I. aimer

aimant
aimé
ayant aimé
（助動詞　avoir）

	現　　在	半　過　去	単　純　過　去
	j' aime	j' aimais	j' aimai
	tu aimes	tu aimais	tu aimas
	il aime	il aimait	il aima
	nous aimons	nous aimions	nous aimâmes
	vous aimez	vous aimiez	vous aimâtes
	ils aiment	ils aimaient	ils aimèrent

命　令　法	複　合　過　去	大　過　去	前　過　去
aime	j' ai aimé	j' avais aimé	j' eus aimé
	tu as aimé	tu avais aimé	tu eus aimé
	il a aimé	il avait aimé	il eut aimé
aimons	nous avons aimé	nous avions aimé	nous eûmes aimé
aimez	vous avez aimé	vous aviez aimé	vous eûtes aimé
	ils ont aimé	ils avaient aimé	ils eurent aimé

II. arriver

arrivant
arrivé
étant arrivé(e)(s)

（助動詞　être）

	複　合　過　去	大　過　去	前　過　去
	je suis arrivé(e)	j' étais arrivé(e)	je fus arrivé(e)
	tu es arrivé(e)	tu étais arrivé(e)	tu fus arrivé(e)
	il est arrivé	il était arrivé	il fut arrivé
	elle est arrivée	elle était arrivée	elle fut arrivée
	nous sommes arrivé(e)s	nous étions arrivé(e)s	nous fûmes arrivé(e)s
	vous êtes arrivé(e)(s)	vous étiez arrivé(e)(s)	vous fûtes arrivé(e)(s)
	ils sont arrivés	ils étaient arrivés	ils furent arrivés
	elles sont arrivées	elles étaient arrivées	elles furent arrivées

III. être aimé(e)(s)

受動態

étant aimé(e)(s)
ayant été aimé(e)(s)

	現　　在	半　過　去	単　純　過　去
	je suis aimé(e)	j' étais aimé(e)	je fus aimé(e)
	tu es aimé(e)	tu étais aimé(e)	tu fus aimé(e)
	il est aimé	il était aimé	il fut aimé
	elle est aimée	elle était aimée	elle fut aimée
	n. sommes aimé(e)s	n. étions aimé(e)s	n. fûmes aimé(e)s
	v. êtes aimé(e)(s)	v. étiez aimé(e)(s)	v. fûtes aimé(e)(s)
	ils sont aimés	ils étaient aimés	ils furent aimés
	elles sont aimées	elles étaient aimées	elles furent aimées

命　令　法	複　合　過　去	大　過　去	前　過　去
sois aimé(e)	j' ai été aimé(e)	j' avais été aimé(e)	j' eus été aimé(e)
	tu as été aimé(e)	tu avais été aimé(e)	tu eus été aimé(e)
	il a été aimé	il avait été aimé	il eut été aimé
soyons aimé(e)s	elle a été aimée	elle avait été aimée	elle eut été aimée
soyez aimé(e)(s)	n. avons été aimé(e)s	n. avions été aimé(e)s	n. eûmes été aimé(e)s
	v. avez été aimé(e)(s)	v. aviez été aimé(e)(s)	v. eûtes été aimé(e)(s)
	ils ont été aimés	ils avaient été aimés	ils eurent été aimés
	elles ont été aimées	elles avaient été aimées	elles eurent été aimées

IV. se lever

代名動詞
se levant
s'étant levé(e)(s)

	現　　在	半　過　去	単　純　過　去
	je me lève	je me levais	je me levai
	tu te lèves	tu te levais	tu te levas
	il se lève	il se levait	il se leva
	n. n. levons	n. n. levions	n. n. levâmes
	v. v. levez	v. v. leviez	v. v. levâtes
	ils se lèvent	ils se levaient	ils se levèrent

命　令　法	複　合　過　去	大　過　去	前　過　去
	je me suis levé(e)	j' m' étais levé(e)	je me fus levé(e)
lève-toi	tu t' es levé(e)	tu t' étais levé(e)	tu te fus levé(e)
	il s' est levé	il s' était levé	il se fut levé
	elle s' est levée	elle s' était levée	elle se fut levée
levons-nous	n. n. sommes levé(e)s	n. n. étions levé(e)s	n. n. fûmes levé(e)s
levez-vous	v. v. êtes levé(e)(s)	v. v. étiez levé(e)(s)	v. v. fûtes levé(e)(s)
	ils se sont levés	ils s' étaient levés	ils se furent levés
	elles se sont levées	elles s' étaient levées	elles se furent levées

直　説　法	条　件　法	接　続　法	

単　純　未　来 ／ 現　在 ／ 現　在 ／ 半　過　去

直説法 単純未来	条件法 現在	接続法 現在	接続法 半過去
j' aimerai	j' aimerais	j' aime	j' aimasse
tu aimeras	tu aimerais	tu aimes	tu aimasses
il aimera	il aimerait	il aime	il aimât
nous aimerons	nous aimerions	nous aimions	nous aimassions
vous aimerez	vous aimeriez	vous aimiez	vous aimassiez
ils aimeront	ils aimeraient	ils aiment	ils aimassent

前　未　来 ／ 過　去 ／ 過　去 ／ 大　過　去

前未来	過去	過去	大過去
j' aurai aimé	j' aurais aimé	j' aie aimé	j' eusse aimé
tu auras aimé	tu aurais aimé	tu aies aimé	tu eusses aimé
il aura aimé	il aurait aimé	il ait aimé	il eût aimé
nous aurons aimé	nous aurions aimé	nous ayons aimé	nous eussions aimé
vous aurez aimé	vous auriez aimé	vous ayez aimé	vous eussiez aimé
ils auront aimé	ils auraient aimé	ils aient aimé	ils eussent aimé

前　未　来 ／ 過　去 ／ 過　去 ／ 大　過　去

前未来	過去	過去	大過去
je serai arrivé(e)	je serais arrivé(e)	je sois arrivé(e)	je fusse arrivé(e)
tu seras arrivé(e)	tu serais arrivé(e)	tu sois arrivé(e)	tu fusses arrivé(e)
il sera arrivé	il serait arrivé	il soit arrivé	il fût arrivé
elle sera arrivée	elle serait arrivée	elle soit arrivée	elle fût arrivée
nous serons arrivé(e)s	nous serions arrivé(e)s	nous soyons arrivé(e)s	nous fussions arrivé(e)s
vous serez arrivé(e)(s)	vous seriez arrivé(e)(s)	vous soyez arrivé(e)(s)	vous fussiez arrivé(e)(s)
ils seront arrivés	ils seraient arrivés	ils soient arrivés	ils fussent arrivés
elles seront arrivées	elles seraient arrivées	elles soient arrivées	elles fussent arrivées

単　純　未　来 ／ 現　在 ／ 現　在 ／ 半　過　去

単純未来	現在	現在	半過去
je serai aimé(e)	je serais aimé(e)	je sois aimé(e)	je fusse aimé(e)
tu seras aimé(e)	tu serais aimé(e)	tu sois aimé(e)	tu fusses aimé(e)
il sera aimé	il serait aimé	il soit aimé	il fût aimé
elle sera aimée	elle serait aimée	elle soit aimée	elle fût aimée
n. serons aimé(e)s	n. serions aimé(e)s	n. soyons aimé(e)s	n. fussions aimé(e)s
v. serez aimé(e)(s)	v. seriez aimé(e)(s)	v. soyez aimé(e)(s)	v. fussiez aimé(e)(s)
ils seront aimés	ils seraient aimés	ils soient aimés	ils fussent aimés
elles seront aimées	elles seraient aimées	elles soient aimées	elles fussent aimées

前　未　来 ／ 過　去 ／ 過　去 ／ 大　過　去

前未来	過去	過去	大過去
j' aurai été aimé(e)	j' aurais été aimé(e)	j' aie été aimé(e)	j' eusse été aimé(e)
tu auras été aimé(e)	tu aurais été aimé(e)	tu aies été aimé(e)	tu eusses été aimé(e)
il aura été aimé	il aurait été aimé	il ait été aimé	il eût été aimé
elle aura été aimée	elle aurait été aimée	elle ait été aimée	elle eût été aimée
n. aurons été aimé(e)s	n. aurions été aimé(e)s	n. ayons été aimé(e)s	n. eussions été aimé(e)s
v. aurez été aimé(e)(s)	v. auriez été aimé(e)(s)	v. ayez été aimé(e)(s)	v. eussiez été aimé(e)(s)
ils auront été aimés	ils auraient été aimés	ils aient été aimés	ils eussent été aimés
elles auront été aimées	elles auraient été aimées	elles aient été aimées	elles eussent été aimées

単　純　未　来 ／ 現　在 ／ 現　在 ／ 半　過　去

単純未来	現在	現在	半過去
je me lèverai	je me lèverais	je me lève	je me levasse
tu te lèveras	tu te lèverais	tu te lèves	tu te levasses
il se lèvera	il se lèverait	il se lève	il se levât
n. n. lèverons	n. n. lèverions	n. n. levions	n. n. levassions
v. v. lèverez	v. v. lèveriez	v. v. leviez	v. v. levassiez
ils se lèveront	ils se lèveraient	ils se lèvent	ils se levassent

前　未　来 ／ 過　去 ／ 過　去 ／ 大　過　去

前未来	過去	過去	大過去
je me serai levé(e)	je me serais levé(e)	je me sois levé(e)	je me fusse levé(e)
tu te seras levé(e)	tu te serais levé(e)	tu te sois levé(e)	tu te fusses levé(e)
il se sera levé	il se serait levé	il se soit levé	il se fût levé
elle se sera levée	elle se serait levée	elle se soit levée	elle se fût levée
n. n. serons levé(e)s	n. n. serions levé(e)s	n. n. soyons levé(e)s	n. n. fussions levé(e)s
v. v. serez levé(e)(s)	v. v. scricz lcvé(e)(s)	v. v. soyez levé(e)(s)	v. v. fussiez levé(e)(s)
ils se seront levés	ils se seraient levés	ils se soient levés	ils se fussent levés
elles se seront levées	elles se seraient levées	elles se soient levées	elles se fussent levées

不 定 形 分 詞 形	直　　説　　法			
	現　　在	半　過　去	単　純　過　去	単　純　未　来
1. avoir もつ ayant eu [y]	j'　ai tu　as il　a n.　avons v.　avez ils　ont	j'　avais tu　avais il　avait n.　avions v.　aviez ils　avaient	j'　eus [y] tu　eus il　eut n.　eûmes v.　eûtes ils　eurent	j'　aurai tu　auras il　aura n.　aurons v.　aurez ils　auront
2. être 在る étant été	je　suis tu　es il　est n.　sommes v.　êtes ils　sont	j'　étais tu　étais il　était n.　étions v.　étiez ils　étaient	je　fus tu　fus il　fut n.　fûmes v.　fûtes ils　furent	je　serai tu　seras il　sera n.　serons v.　serez ils　seront
3. parler 話す parlant parlé	je　parle tu　parles il　parle n.　parlons v.　parlez ils　parlent	je　parlais tu　parlais il　parlait n.　parlions v.　parliez ils　parlaient	je　parlai tu　parlas il　parla n.　parlâmes v.　parlâtes ils　parlèrent	je　parlerai tu　parleras il　parlera n.　parlerons v.　parlerez ils　parleront
4. placer 置く plaçant placé	je　place tu　places il　place n.　plaçons v.　placez ils　placent	je　plaçais tu　plaçais il　plaçait n.　placions v.　placiez ils　plaçaient	je　plaçai tu　plaças il　plaça n.　plaçâmes v.　plaçâtes ils　placèrent	je　placerai tu　placeras il　placera n.　placerons v.　placerez ils　placeront
5. manger 食べる mangeant mangé	je　mange tu　manges il　mange n.　mangeons v.　mangez ils　mangent	je　mangeais tu　mangeais il　mangeait n.　mangions v.　mangiez ils　mangeaient	je　mangeai tu　mangeas il　mangea n.　mangeâmes v.　mangeâtes ils　mangèrent	je　mangerai tu　mangeras il　mangera n.　mangerons v.　mangerez ils　mangeront
6. acheter 買う achetant acheté	j'　achète tu　achètes il　achète n.　achetons v.　achetez ils　achètent	j'　achetais tu　achetais il　achetait n.　achetions v.　achetiez ils　achetaient	j'　achetai tu　achetas il　acheta n.　achetâmes v.　achetâtes ils　achetèrent	j'　achèterai tu　achèteras il　achètera n.　achèterons v.　achèterez ils　achèteront
7. appeler 呼ぶ appelant appelé	j'　appelle tu　appelles il　appelle n.　appelons v.　appelez ils　appellent	j'　appelais tu　appelais il　appelait n.　appelions v.　appeliez ils　appelaient	j'　appelai tu　appelas il　appela n.　appelâmes v.　appelâtes ils　appelèrent	j'　appellerai tu　appelleras il　appellera n.　appellerons v.　appellerez ils　appelleront
8. préférer より好む préférant préféré	je　préfère tu　préfères il　préfère n.　préférons v.　préférez ils　préfèrent	je　préférais tu　préférais il　préférait n.　préférions v.　préfériez ils　préféraient	je　préférai tu　préféras il　préféra n.　préférâmes v.　préférâtes ils　préférèrent	je　préférerai tu　préféreras il　préférera n.　préférerons v.　préférerez ils　préféreront

条　件　法		接　　続　　法			命　令　法	同型活用の動詞 （注意）
現　　在		現　　在		半　過　去	現　　在	
j'	aurais	j'	aie	j'	eusse		
tu	aurais	tu	aies	tu	eusses	aie	
il	aurait	il	ait	il	eût		
n.	aurions	n.	ayons	n.	eussions	ayons	
v.	auriez	v.	ayez	v.	eussiez	ayez	
ils	auraient	ils	aient	ils	eussent		
je	serais	je	sois	je	fusse		
tu	serais	tu	sois	tu	fusses	sois	
il	serait	il	soit	il	fût		
n.	serions	n.	soyons	n.	fussions	soyons	
v.	seriez	v.	soyez	v.	fussiez	soyez	
ils	seraient	ils	soient	ils	fussent		
je	parlerais	je	parle	je	parlasse		第1群規則動詞
tu	parlerais	tu	parles	tu	parlasses	parle	（4型〜10型をのぞく）
il	parlerait	il	parle	il	parlât		
n.	parlerions	n.	parlions	n.	parlassions	parlons	
v.	parleriez	v.	parliez	v.	parlassiez	parlez	
ils	parleraient	ils	parlent	ils	parlassent		
je	placerais	je	place	je	plaçasse		—cer の動詞
tu	placerais	tu	places	tu	plaçasses	place	annoncer, avancer,
il	placerait	il	place	il	plaçât		commencer, effacer,
n.	placerions	n.	placions	n.	plaçassions	plaçons	renoncer など.
v.	placeriez	v.	placiez	v.	plaçassiez	placez	（a, o の前で c → ç）
ils	placeraient	ils	placent	ils	plaçassent		
je	mangerais	je	mange	je	mangeasse		—ger の動詞
tu	mangerais	tu	manges	tu	mangeasses	mange	arranger, changer,
il	mangerait	il	mange	il	mangeât		charger, engager,
n.	mangerions	n.	mangions	n.	mangeassions	mangeons	nager, obliger など.
v.	mangeriez	v.	mangiez	v.	mangeassiez	mangez	（a, o の前で g → ge）
ils	mangeraient	ils	mangent	ils	mangeassent		
j'	achèterais	j'	achète	j'	achetasse		—e＋子音＋er の動詞
tu	achèterais	tu	achètes	tu	achetasses	achète	achever, lever,
il	achèterait	il	achète	il	achetât		mener など.
n.	achèterions	n.	achetions	n.	achetassions	achetons	（7型をのぞく. e muet を
v.	achèteriez	v.	achetiez	v.	achetassiez	achetez	含む音節の前で e → è）
ils	achèteraient	ils	achètent	ils	achetassent		
j'	appellerais	j'	appelle	j'	appelasse		—eter, —eler の動詞
tu	appellerais	tu	appelles	tu	appelasses	appelle	jeter, rappeler など.
il	appellerait	il	appelle	il	appelât		（6型のものもある.
n.	appellerions	n.	appelions	n.	appelassions	appelons	e muet の前で t, l を重ね
v.	appelleriez	v.	appeliez	v.	appelassiez	appelez	る）
ils	appelleraient	ils	appellent	ils	appelassent		
je	préférerais	je	préfère	je	préférasse		—é＋子音＋er の動詞
tu	préférerais	tu	préfères	tu	préférasses	préfère	céder, espérer,
il	préférerait	il	préfère	il	préférât		opérer, répéter など.
n.	préférerions	n.	préférions	n.	préférassions	préférons	（e muet を含む語末音節
v.	préféreriez	v.	préfériez	v.	préférassiez	préférez	の前で é → è）
ils	préféreraient	ils	préfèrent	ils	préférassent		

不 定 形 分 詞 形	直　　　説　　　法			
	現　　在	半 過 去	単 純 過 去	単 純 未 来
9. employer 使う employant employé	j' emploie tu emploies il emploie n. employons v. employez ils emploient	j' employais tu employais il employait n. employions v. employiez ils employaient	j' employai tu employas il employa n. employâmes v. employâtes ils employèrent	j' emploierai tu emploieras il emploiera n. emploierons v. emploierez ils emploieront
10. envoyer 送る envoyant envoyé	j' envoie tu envoies il envoie n. envoyons v. envoyez ils envoient	j' envoyais tu envoyais il envoyait n. envoyions v. envoyiez ils envoyaient	j' envoyai tu envoyas il envoya n. envoyâmes v. envoyâtes ils envoyèrent	j' enverrai tu enverras il enverra n. enverrons v. enverrez ils enverront
11. aller 行く allant allé	je vais tu vas il va n. allons v. allez ils vont	j' allais tu allais il allait n. allions v. alliez ils allaient	j' allai tu allas il alla n. allâmes v. allâtes ils allèrent	j' irai tu iras il ira n. irons v. irez ils iront
12. finir 終える finissant fini	je finis tu finis il finit n. finissons v. finissez ils finissent	je finissais tu finissais il finissait n. finissions v. finissiez ils finissaient	je finis tu finis il finit n. finîmes v. finîtes ils finirent	je finirai tu finiras il finira n. finirons v. finirez ils finiront
13. sortir 出かける sortant sorti	je sors tu sors il sort n. sortons v. sortez ils sortent	je sortais tu sortais il sortait n. sortions v. sortiez ils sortaient	je sortis tu sortis il sortit n. sortîmes v. sortîtes ils sortirent	je sortirai tu sortiras il sortira n. sortirons v. sortirez ils sortiront
14. courir 走る courant couru	je cours tu cours il court n. courons v. courez ils courent	je courais tu courais il courait n. courions v. couriez ils couraient	je courus tu courus il courut n. courûmes v. courûtes ils coururent	je courrai tu courras il courra n. courrons v. courrez ils courront
15. fuir 逃げる fuyant fui	je fuis tu fuis il fuit n. fuyons v. fuyez ils fuient	je fuyais tu fuyais il fuyait n. fuyions v. fuyiez ils fuyaient	je fuis tu fuis il fuit n. fuîmes v. fuîtes ils fuirent	je fuirai tu fuiras il fuira n. fuirons v. fuirez ils fuiront
16. mourir 死ぬ mourant mort	je meurs tu meurs il meurt n. mourons v. mourez ils meurent	je mourais tu mourais il mourait n. mourions v. mouriez ils mouraient	je mourus tu mourus il mourut n. mourûmes v. mourûtes ils moururent	je mourrai tu mourras il mourra n. mourrons v. mourrez ils mourront

条　件　法	接　　続　　法		命　令　法	同型活用の動詞 （注意）
現　　在	現　　在	半　過　去	現　　在	
j'　emploierais tu　emploierais il　emploierait n.　emploierions v.　emploieriez ils　emploieraient	j'　emploie tu　emploies il　emploie n.　employions v.　employiez ils　emploient	j'　employasse tu　employasses il　employât n.　employassions v.　employassiez ils　employassent	emploie employons employez	—oyer, —uyer, —ayer の動詞 （e muet の前で y → i. —ayer は 3 型でもよい. また envoyer → 10）
j'　enverrais tu　enverrais il　enverrait n.　enverrions v.　enverriez ils　enverraient	j'　envoie tu　envoies il　envoie n.　envoyions v.　envoyiez ils　envoient	j'　envoyasse tu　envoyasses il　envoyât n.　envoyassions v.　envoyassiez ils　envoyassent	envoie envoyons envoyez	renvoyer （未来, 条・現のみ 9 型と ことなる）
j'　irais tu　irais il　irait n.　irions v.　iriez ils　iraient	j'　aille tu　ailles il　aille n.　allions v.　alliez ils　aillent	j'　allasse tu　allasses il　allât n.　allassions v.　allassiez ils　allassent	va allons allez	
je　finirais tu　finirais il　finirait n.　finirions v.　finiriez ils　finiraient	je　finisse tu　finisses il　finisse n.　finissions v.　finissiez ils　finissent	je　finisse tu　finisses il　finît n.　finissions v.　finissiez ils　finissent	finis finissons finissez	第 2 群規則動詞
je　sortirais tu　sortirais il　sortirait n.　sortirions v.　sortiriez ils　sortiraient	je　sorte tu　sortes il　sorte n.　sortions v.　sortiez ils　sortent	je　sortisse tu　sortisses il　sortît n.　sortissions v.　sortissiez ils　sortissent	sors sortons sortez	partir, dormir, endormir, se repentir, sentir, servir
je　courrais tu　courrais il　courrait n.　courrions v.　courriez ils　courraient	je　coure tu　coures il　coure n.　courions v.　couriez ils　courent	je　courusse tu　courusses il　courût n.　courussions v.　courussiez ils　courussent	cours courons courez	accourir, parcourir, secourir
je　fuirais tu　fuirais il　fuirait n.　fuirions v.　fuiriez ils　fuiraient	je　fuie tu　fuies il　fuie n.　fuyions v.　fuyiez ils　fuient	je　fuisse tu　fuisses il　fuît n.　fuissions v.　fuissiez ils　fuissent	fuis fuyons fuyez	s'enfuir
je　mourrais tu　mourrais il　mourrait n.　mourrions v.　mourriez ils　mourraient	je　meure tu　meures il　meure n.　mourions v.　mouriez ils　meurent	je　mourusse tu　mourusses il　mourût n.　mourussions v.　mourussiez ils　mourussent	meurs mourons mourez	

不 定 形 分 詞 形	直 説 法			
	現 在	半 過 去	単 純 過 去	単 純 未 来
17. venir 来る venant venu	je viens tu viens il vient n. venons v. venez ils viennent	je venais tu venais il venait n. venions v. veniez ils venaient	je vins tu vins il vint n. vînmes v. vîntes ils vinrent	je viendrai tu viendras il viendra n. viendrons v. viendrez ils viendront
18. offrir 贈る offrant offert	j' offre tu offres il offre n. offrons v. offrez ils offrent	j' offrais tu offrais il offrait n. offrions v. offriez ils offraient	j' offris tu offris il offrit n. offrîmes v. offrîtes ils offrirent	j' offrirai tu offriras il offrira n. offrirons v. offrirez ils offriront
19. descendre 降りる descendant descendu	je descends tu descends il descend n. descendons v. descendez ils descendent	je descendais tu descendais il descendait n. descendions v. descendiez ils descendaient	je descendis tu descendis il descendit n. descendîmes v. descendîtes ils descendirent	je descendrai tu descendras il descendra n. descendrons v. descendrez ils descendront
20. mettre 置く mettant mis	je mets tu mets il met n. mettons v. mettez ils mettent	je mettais tu mettais il mettait n. mettions v. mettiez ils mettaient	je mis tu mis il mit n. mîmes v. mîtes ils mirent	je mettrai tu mettras il mettra n. mettrons v. mettrez ils mettront
21. battre 打つ battant battu	je bats tu bats il bat n. battons v. battez ils battent	je battais tu battais il battait n. battions v. battiez ils battaient	je battis tu battis il battit n. battîmes v. battîtes ils battirent	je battrai tu battras il battra n. battrons v. battrez ils battront
22. suivre ついて行く suivant suivi	je suis tu suis il suit n. suivons v. suivez ils suivent	je suivais tu suivais il suivait n. suivions v. suiviez ils suivaient	je suivis tu suivis il suivit n. suivîmes v. suivîtes ils suivirent	je suivrai tu suivras il suivra n. suivrons v. suivrez ils suivront
23. vivre 生きる vivant vécu	je vis tu vis il vit n. vivons v. vivez ils vivent	je vivais tu vivais il vivait n. vivions v. viviez ils vivaient	je vécus tu vécus il vécut n. vécûmes v. vécûtes ils vécurent	je vivrai tu vivras il vivra n. vivrons v. vivrez ils vivront
24. écrire 書く écrivant écrit	j' écris tu écris il écrit n. écrivons v. écrivez ils écrivent	j' écrivais tu écrivais il écrivait n. écrivions v. écriviez ils écrivaient	j' écrivis tu écrivis il écrivit n. écrivîmes v. écrivîtes ils écrivirent	j' écrirai tu écriras il écrira n. écrirons v. écrirez ils écriront

条 件 法	接 続 法		命 令 法	同型活用の動詞 （注意）
現　在	現　在	半　過　去	現　在	
je　viendrais tu　viendrais il　viendrait n.　viendrions v.　viendriez ils　viendraient	je　vienne tu　viennes il　vienne n.　venions v.　veniez ils　viennent	je　vinsse tu　vinsses il　vînt n.　vinssions v.　vinssiez ils　vinssent	viens venons venez	convenir, devenir, provenir, revenir, se souvenir ; tenir, appartenir, maintenir, obtenir, retenir, soutenir
j'　offrirais tu　offrirais il　offrirait n.　offririons v.　offririez ils　offriraient	j'　offre tu　offres il　offre n.　offrions v.　offriez ils　offrent	j'　offrisse tu　offrisses il　offrît n.　offrissions v.　offrissiez ils　offrissent	offre offrons offrez	couvrir, découvrir, ouvrir, souffrir
je　descendrais tu　descendrais il　descendrait n.　descendrions v.　descendriez ils　descendraient	je　descende tu　descendes il　descende n.　descendions v.　descendiez ils　descendent	je　descendisse tu　descendisses il　descendît n.　descendissions v.　descendissiez ils　descendissent	descends descendons descendez	attendre, défendre, rendre, entendre, perdre, prétendre, répondre, tendre, vendre
je　mettrais tu　mettrais il　mettrait n.　mettrions v.　mettriez ils　mettraient	je　mette tu　mettes il　mette n.　mettions v.　mettiez ils　mettent	je　misse tu　misses il　mît n.　missions v.　missiez ils　missent	mets mettons mettez	admettre, commettre, permettre, promettre, remettre, soumettre
je　battrais tu　battrais il　battrait n.　battrions v.　battriez ils　battraient	je　batte tu　battes il　batte n.　battions v.　battiez ils　battent	je　battisse tu　battisses il　battît n.　battissions v.　battissiez ils　battissent	bats battons battez	abattre, combattre
je　suivrais tu　suivrais il　suivrait n.　suivrions v.　suivriez ils　suivraient	je　suive tu　suives il　suive n.　suivions v.　suiviez ils　suivent	je　suivisse tu　suivisses il　suivît n.　suivissions v.　suivissiez ils　suivissent	suis suivons suivez	poursuivre
je　vivrais tu　vivrais il　vivrait n.　vivrions v.　vivriez ils　vivraient	je　vive tu　vives il　vive n.　vivions v.　viviez ils　vivent	je　vécusse tu　vécusses il　vécût n.　vécussions v.　vécussiez ils　vécussent	vis vivons vivez	
j'　écrirais tu　écrirais il　écrirait n.　écririons v.　écririez ils　écriraient	j'　écrive tu　écrives il　écrive n.　écrivions v.　écriviez ils　écrivent	j'　écrivisse tu　écrivisses il　écrivît n.　écrivissions v.　écrivissiez ils　écrivissent	écris écrivons écrivez	décrire, inscrire

不　定　形 分　詞　形	直　　　説　　　法			
	現　　在	半　過　去	単　純　過　去	単　純　未　来
25. connaître 知っている connaissant connu	je　connais tu　connais il　connaît n.　connaissons v.　connaissez ils　connaissent	je　connaissais tu　connaissais il　connaissait n.　connaissions v.　connaissiez ils　connaissaient	je　connus tu　connus il　connut n.　connûmes v.　connûtes ils　connurent	je　connaîtrai tu　connaîtras il　connaîtra n.　connaîtrons v.　connaîtrez ils　connaîtront
26. naître 生まれる naissant né	je　nais tu　nais il　naît n.　naissons v.　naissez ils　naissent	je　naissais tu　naissais il　naissait n.　naissions v.　naissiez ils　naissaient	je　naquis tu　naquis il　naquit n.　naquîmes v.　naquîtes ils　naquirent	je　naîtrai tu　naîtras il　naîtra n.　naîtrons v.　naîtrez ils　naîtront
27. conduire みちびく conduisant conduit	je　conduis tu　conduis il　conduit n.　conduisons v.　conduisez ils　conduisent	je　conduisais tu　conduisais il　conduisait n.　conduisions v.　conduisiez ils　conduisaient	je　conduisis tu　conduisis il　conduisit n.　conduisîmes v.　conduisîtes ils　conduisirent	je　conduirai tu　conduiras il　conduira n.　conduirons v.　conduirez ils　conduiront
28. suffire 足りる suffisant suffi	je　suffis tu　suffis il　suffit n.　suffisons v.　suffisez ils　suffisent	je　suffisais tu　suffisais il　suffisait n.　suffisions v.　suffisiez ils　suffisaient	je　suffis tu　suffis il　suffit n.　suffîmes v.　suffîtes ils　suffirent	je　suffirai tu　suffiras il　suffira n.　suffirons v.　suffirez ils　suffiront
29. lire 読む lisant lu	je　lis tu　lis il　lit n.　lisons v.　lisez ils　lisent	je　lisais tu　lisais il　lisait n.　lisions v.　lisiez ils　lisaient	je　lus tu　lus il　lut n.　lûmes v.　lûtes ils　lurent	je　lirai tu　liras il　lira n.　lirons v.　lirez ils　liront
30. plaire 気に入る plaisant plu	je　plais tu　plais il　plaît n.　plaisons v.　plaisez ils　plaisent	je　plaisais tu　plaisais il　plaisait n.　plaisions v.　plaisiez ils　plaisaient	je　plus tu　plus il　plut n.　plûmes v.　plûtes ils　plurent	je　plairai tu　plairas il　plaira n.　plairons v.　plairez ils　plairont
31. dire 言う disant dit	je　dis tu　dis il　dit n.　disons v.　dites ils　disent	je　disais tu　disais il　disait n.　disions v.　disiez ils　disaient	je　dis tu　dis il　dit n.　dîmes v.　dîtes ils　dirent	je　dirai tu　diras il　dira n.　dirons v.　direz ils　diront
32. faire する faisant [fəzɑ̃] fait	je　fais tu　fais il　fait n.　faisons [fəzɔ̃] v.　faites ils　font	je　faisais [fəzɛ] tu　faisais il　faisait n.　faisions v.　faisiez ils　faisaient	je　fis tu　fis il　fit n.　fîmes v.　fîtes ils　firent	je　ferai tu　feras il　fera n.　ferons v.　ferez ils　feront

条　件　法	接　続　法		命　令　法	同型活用の動詞 （注意）
現　在	現　在	半　過　去	現　在	
je connaîtrais tu connaîtrais il connaîtrait n. connaîtrions v. connaîtriez ils connaîtraient	je connaisse tu connaisses il connaisse n. connaissions v. connaissiez ils connaissent	je connusse tu connusses il connût n. connussions v. connussiez ils connussent	connais connaissons connaissez	reconnaître ; paraître, apparaître, disparaître （t の前で i → î）
je naîtrais tu naîtrais il naîtrait n. naîtrions v. naîtriez ils naîtraient	je naisse tu naisses il naisse n. naissions v. naissiez ils naissent	je naquisse tu naquisses il naquît n. naquissions v. naquissiez ils naquissent	nais naissons naissez	renaître （t の前で i → î）
je conduirais tu conduirais il conduirait n. conduirions v. conduiriez ils conduiraient	je conduise tu conduises il conduise n. conduisions v. conduisiez ils conduisent	je conduisisse tu conduisisses il conduisît n. conduisissions v. conduisissiez ils conduisissent	conduis conduisons conduisez	introduire, produire, traduire ; construire, détruire
je suffirais tu suffirais il suffirait n. suffirions v. suffiriez ils suffiraient	je suffise tu suffises il suffise n. suffisions v. suffisiez ils suffisent	je suffisse tu suffisses il suffît n. suffissions v. suffissiez ils suffissent	suffis suffisons suffisez	
je lirais tu lirais il lirait n. lirions v. liriez ils liraient	je lise tu lises il lise n. lisions v. lisiez ils lisent	je lusse tu lusses il lût n. lussions v. lussiez ils lussent	lis lisons lisez	élire, relire
je plairais tu plairais il plairait n. plairions v. plairiez ils plairaient	je plaise tu plaises il plaise n. plaisions v. plaisiez ils plaisent	je plusse tu plusses il plût n. plussions v. plussiez ils plussent	plais plaisons plaisez	déplaire, taire （ただし taire の直・現・ 3 人称単数 il tait）
je dirais tu dirais il dirait n. dirions v. diriez ils diraient	je dise tu dises il dise n. disions v. disiez ils disent	je disse tu disses il dît n. dissions v. dissiez ils dissent	dis disons dites	redire
je ferais tu ferais il ferait n. ferions v. feriez ils feraient	je fasse tu fasses il fasse n. fassions v. fassiez ils fassent	je fisse tu fisses il fît n. fissions v. fissiez ils fissent	fais faisons faites	défaire, refaire, satisfaire

不 定 形 分 詞 形	直　　　　説　　　　法			
	現　　　在	半　過　去	単 純 過 去	単 純 未 来
33. rire 笑う riant ri	je　ris tu　ris il　rit n.　rions v.　riez ils　rient	je　riais tu　riais il　riait n.　riions v.　riiez ils　riaient	je　ris tu　ris il　rit n.　rîmes v.　rîtes ils　rirent	je　rirai tu　riras il　rira n.　rirons v.　rirez ils　riront
34. croire 信じる croyant cru	je　crois tu　crois il　croit n.　croyons v.　croyez ils　croient	je　croyais tu　croyais il　croyait n.　croyions v.　croyiez ils　croyaient	je　crus tu　crus il　crut n.　crûmes v.　crûtes ils　crurent	je　croirai tu　croiras il　croira n.　croirons v.　croirez ils　croiront
35. craindre おそれる craignant craint	je　crains tu　crains il　craint n.　craignons v.　craignez ils　craignent	je　craignais tu　craignais il　craignait n.　craignions v.　craigniez ils　craignaient	je　craignis tu　craignis il　craignit n.　craignîmes v.　craignîtes ils　craignirent	je　craindrai tu　craindras il　craindra n.　craindrons v.　craindrez ils　craindront
36. prendre とる prenant pris	je　prends tu　prends il　prend n.　prenons v.　prenez ils　prennent	je　prenais tu　prenais il　prenait n.　prenions v.　preniez ils　prenaient	je　pris tu　pris il　prit n.　prîmes v.　prîtes ils　prirent	je　prendrai tu　prendras il　prendra n.　prendrons v.　prendrez ils　prendront
37. boire 飲む buvant bu	je　bois tu　bois il　boit n.　buvons v.　buvez ils　boivent	je　buvais tu　buvais il　buvait n.　buvions v.　buviez ils　buvaient	je　bus tu　bus il　but n.　bûmes v.　bûtes ils　burent	je　boirai tu　boiras il　boira n.　boirons v.　boirez ils　boiront
38. voir 見る voyant vu	je　vois tu　vois il　voit n.　voyons v.　voyez ils　voient	je　voyais tu　voyais il　voyait n.　voyions v.　voyiez ils　voyaient	je　vis tu　vis il　vit n.　vîmes v.　vîtes ils　virent	je　verrai tu　verras il　verra n.　verrons v.　verrez ils　verront
39. asseoir 座らせる asseyant assoyant assis	j'　assieds tu　assieds il　assied n.　asseyons v.　asseyez ils　asseyent j'　assois tu　assois il　assoit n.　assoyons v.　assoyez ils　assoient	j'　asseyais tu　asseyais il　asseyait n.　asseyions v.　asseyiez ils　asseyaient j'　assoyais tu　assoyais il　assoyait n.　assoyions v.　assoyiez ils　assoyaient	j'　assis tu　assis il　assit n.　assîmes v.　assîtes ils　assirent	j'　assiérai tu　assiéras il　assiéra n.　assiérons v.　assiérez ils　assiéront j'　assoirai tu　assoiras il　assoira n.　assoirons v.　assoirez ils　assoiront

条 件 法	接 続 法		命 令 法	同型活用の動詞 (注意)
現 在	現 在	半 過 去	現 在	
je rirais tu rirais il rirait n. ririons v. ririez ils riraient	je rie tu ries il rie n. riions v. riiez ils rient	je risse tu risses il rît n. rissions v. rissiez ils rissent	ris rions riez	sourire
je croirais tu croirais il croirait n. croirions v. croiriez ils croiraient	je croie tu croies il croie n. croyions v. croyiez ils croient	je crusse tu crusses il crût n. crussions v. crussiez ils crussent	crois croyons croyez	
je craindrais tu craindrais il craindrait n. craindrions v. craindriez ils craindraient	je craigne tu craignes il craigne n. craignions v. craigniez ils craignent	je craignisse tu craignisses il craignît n. craignissions v. craignissiez ils craignissent	crains craignons craignez	plaindre ; atteindre, éteindre, peindre; joindre, rejoindre
je prendrais tu prendrais il prendrait n. prendrions v. prendriez ils prendraient	je prenne tu prennes il prenne n. prenions v. preniez ils prennent	je prisse tu prisses il prît n. prissions v. prissiez ils prissent	prends prenons prenez	apprendre, comprendre, surprendre
je boirais tu boirais il boirait n. boirions v. boiriez ils boiraient	je boive tu boives il boive n. buvions v. buviez ils boivent	je busse tu busses il bût n. bussions v. bussiez ils bussent	bois buvons buvez	
je verrais tu verrais il verrait n. verrions v. verriez ils verraient	je voie tu voies il voie n. voyions v. voyiez ils voient	je visse tu visses il vît n. vissions v. vissiez ils vissent	vois voyons voyez	revoir
j' assiérais tu assiérais il assiérait n. assiérions v. assiériez ils assiéraient	j' asseye tu asseyes il asseye n. asseyions v. asseyiez ils asseyent	j' assisse tu assisses il assît n. assissions v. assissiez ils assissent	assieds asseyons asseyez	(代名動詞 s'asseoir と して用いられることが 多い. 下段は俗語調)
j' assoirais tu assoirais il assoirait n. assoirions v. assoiriez ils assoiraient	j' assoie tu assoies il assoie n. assoyions v. assoyiez ils assoient		assois assoyons assoyez	

不 定 形 分 詞 形	直 説 法			
	現　在	半 過 去	単純過去	単純未来
40. recevoir 受取る recevant reçu	je　reçois tu　reçois il　reçoit n.　recevons v.　recevez ils　reçoivent	je　recevais tu　recevais il　recevait n.　recevions v.　receviez ils　recevaient	je　reçus tu　reçus il　reçut n.　reçûmes v.　reçûtes ils　reçurent	je　recevrai tu　recevras il　recevra n.　recevrons v.　recevrez ils　recevront
41. devoir ねばならぬ devant dû, due dus, dues	je　dois tu　dois il　doit n.　devons v.　devez ils　doivent	je　devais tu　devais il　devait n.　devions v.　deviez ils　devaient	je　dus tu　dus il　dut n.　dûmes v.　dûtes ils　durent	je　devrai tu　devras il　devra n.　devrons v.　devrez ils　devront
42. pouvoir できる pouvant pu	je　peux (puis) tu　peux il　peut n.　pouvons v.　pouvez ils　peuvent	je　pouvais tu　pouvais il　pouvait n.　pouvions v.　pouviez ils　pouvaient	je　pus tu　pus il　put n.　pûmes v.　pûtes ils　purent	je　pourrai tu　pourras il　pourra n.　pourrons v.　pourrez ils　pourront
43. vouloir のぞむ voulant voulu	je　veux tu　veux il　veut n.　voulons v.　voulez ils　veulent	je　voulais tu　voulais il　voulait n.　voulions v.　vouliez ils　voulaient	je　voulus tu　voulus il　voulut n.　voulûmes v.　voulûtes ils　voulurent	je　voudrai tu　voudras il　voudra n.　voudrons v.　voudrez ils　voudront
44. savoir 知っている sachant su	je　sais tu　sais il　sait n.　savons v.　savez ils　savent	je　savais tu　savais il　savait n.　savions v.　saviez ils　savaient	je　sus tu　sus il　sut n.　sûmes v.　sûtes ils　surent	je　saurai tu　sauras il　saura n.　saurons v.　saurez ils　sauront
45. valoir 価値がある valant valu	je　vaux tu　vaux il　vaut n.　valons v.　valez ils　valent	je　valais tu　valais il　valait n.　valions v.　valiez ils　valaient	je　valus tu　valus il　valut n.　valûmes v.　valûtes ils　valurent	je　vaudrai tu　vaudras il　vaudra n.　vaudrons v.　vaudrez ils　vaudront
46. falloir 必要である — fallu	il　faut	il　fallait	il　fallut	il　faudra
47. pleuvoir 雨が降る pleuvant plu	il　pleut	il　pleuvait	il　plut	il　pleuvra

条　件　法	接　　続　　法		命　令　法	同型活用の動詞 （注意）
現　　在	現　　在	半　過　去	現　　在	
je recevrais tu recevrais il recevrait n. recevrions v. recevriez ils recevraient	je reçoive tu reçoives il reçoive n. recevions v. receviez ils reçoivent	je reçusse tu reçusses il reçût n. reçussions v. reçussiez ils reçussent	reçois recevons recevez	apercevoir, concevoir
je devrais tu devrais il devrait n. devrions v. devriez ils devraient	je doive tu doives il doive n. devions v. deviez ils doivent	je dusse tu dusses il dût n. dussions v. dussiez ils dussent		（過去分詞は du＝de＋ le と区別するために男 性単数のみ dû と綴る）
je pourrais tu pourrais il pourrait n. pourrions v. pourriez ils pourraient	je puisse tu puisses il puisse n. puissions v. puissiez ils puissent	je pusse tu pusses il pût n. pussions v. pussiez ils pussent		
je voudrais tu voudrais il voudrait n. voudrions v. voudriez ils voudraient	je veuille tu veuilles il veuille n. voulions v. vouliez ils veuillent	je voulusse tu voulusses il voulût n. voulussions v. voulussiez ils voulussent	veuille veuillons veuillez	
je saurais tu saurais il saurait n. saurions v. sauriez ils sauraient	je sache tu saches il sache n. sachions v. sachiez ils sachent	je susse tu susses il sût n. sussions v. sussiez ils sussent	sache sachons sachez	
je vaudrais tu vaudrais il vaudrait n. vaudrions v. vaudriez ils vaudraient	je vaille tu vailles il vaille n. valions v. valiez ils vaillent	je valusse tu valusses il valût n. valussions v. valussiez ils valussent		
il faudrait	il faille	il fallût		
il pleuvrait	il pleuve	il plût		

表紙デザイン　：　有限会社 ディ・シィ・カンパニー
本文レイアウト　：　石井　裕子
本文・表紙イラスト　：　酒井　うらら

エリック
エリックと京の物語：会話編　改訂版

検印
省略　　　　　　Ⓒ 2021年 1 月15日　　　　　初版発行

著　者　　　　　　　　セシル・モレル

発行者　　　　　　　　　原　　雅　　久
発行所　　　　　　　株式会社朝日出版社
101-0065　東京都千代田区西神田3-3-5
電話　03-3239-0271/72
振替口座　00140-2-46008
http://www.asahipress.com/
クロス・コンサルティング／図書印刷

乱丁、落丁本はお取り替えいたします。
ISBN978-4-255-35318-0 C1085

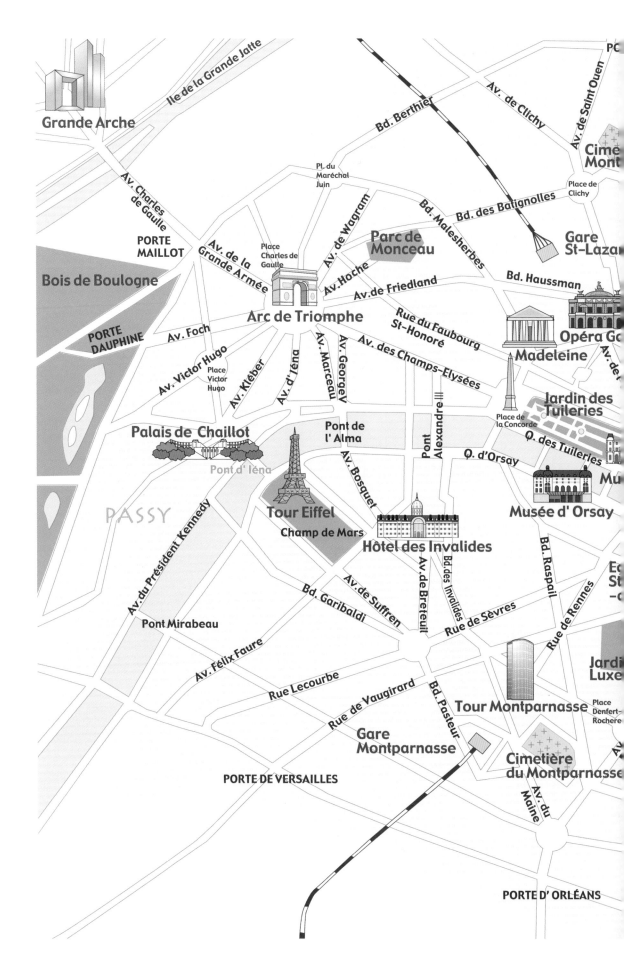

silique
Sacré-Cœur

'hy

Bd. Barbès

Bd. de Magenta

Gare du
Nord

Gare de
l' Est

La Villette

PORTE DE PANTIN

Av. Jean Jaurès

Rue Manin

Canal St-Martin

Bd. de la Villette

Parc des
Buttes–Chaumont

La Fayette

Bd. Montmartre

Bd. de Strasbourg

Bd. de Sébastopol

Bd. St-Martin

u 4 Septembre

Place de la
République

Bd. de Belleville

Bd. de Ménilmontant

Av. de la République

Centre Pompidou

Bd. de

Rue de Rivoli

ouvre

Bd. Beaumarchais

Bd. Richard Lenoir

Cimetière du
Père Lachaise

Bd. Voltaire

Av. Philippe Auguste

ont
Neuf

Ile
de la Cité

MARAIS

Place de la
Bastille

in

Rue Saint-Jacques

Bd. Saint-Michel

Notre-Dame
Ile St-Louis

Bd. St-Germain

Pont de
Sully

Bd. Henri IV

Bd. de la Bastille

Opéra Bastille

Place de la
Nation

PORTE DE
VINCENNES

Panthéon

Quai St-Bernard

Bd. Diderot

Gare
de Lyon

QUARTIER
LATI N

Rue Claude
Bernard

Jardin des
Plantes

Bd. de Port Royal

Av. des Gobelins

Bd. de l'Hôpital

Gare
d' Austerlitz

Bd. Vincent Auriol

rago

Place d' Italie

Av. d'Italie

Palais Omnisports

Parc
de Bercy

Bois de Vincennes

Passerelle
Simone
de Beauvoir

Bibliothèque Nationale
de France (F. Mitterrand)